TOTO AGUERREVERE

SERVICIOS EDITORIALES

https://re-escribir.com/
@re.escribir

Toto Aguerrevere

dejó su exitosa carrera como abogado y licenciado en Estudios Liberales para asistir al *casting* del Míster Venezuela 2003. Por desgracia, se quedó dormido ese día y terminó de buhonero.

Su humor lo ha llevado a publicar dos libros: *Cuentos de sobremesa* (2010) y *La hora loca* (2014), trabajar como locutor en el Circuito Unión Radio y criticar a los *influencers* que dicen: "Para todos los que preguntan por mi *look*", cuando nadie les ha preguntado nada.

Su sueño en la vida es que Venevisión compre los derechos de *Pasapalabra* y lo escojan a él como animador. Si alguien conoce al gerente de programación de ese canal, por favor, regálele este libro para que sepa que Toto está muy interesado.

Vive en Caracas con sus dos adolescentes *senior*, Juan (74) y Marisela (70).

*A mi amigo **Carlos Julio**,*
quien siempre me ha defendido con la frase:

"Él es antipatiquísimo, pero amado".

*"Todo tu problema en la vida es que
te empeñas en codearte con gente intensa".*

Mi psiquiatra.

LOS CUENTOS ACONTECIDOS

LA SOCIEDAD DE LA
GENTE ACONTECIDA

Hay personas que se levantan para ser los protagonistas del caos. Se despiertan tarde porque olvidan poner la alarma o se cortan la barbilla con la afeitadora y no encuentran gasa que frene el sangrero. Blasfeman porque se les cayó el botón del cuello de la camisa, queman los huevos, se tropiezan al salir de sus casas por mirar el celular y el carro no les prende.

A las ocho de la mañana ya su día es una soberana mierda. Quedan atrapados en un ascensor con alguien a quien no querían saludar y cuando por fin llegan a la oficina, les cuentan que Berenice, la nueva pasante, chocó contra la puerta de vidrio mientras llevaba una cafetera y ahora la alfombra de la recepción parece la escena de un derrame petrolero.

A ellos se les conoce como los acontecidos. Víctimas de eventos desafortunados que tienen el potencial de convertirse en un cuento fantástico. Todo depende de si sus protagonistas están dispuestos a mirar el vaso lleno o desbordado de vodka. No queda de otra, la vida debe ser tomada con más soda que seriedad.

La única vez que decidí leerme las cartas, la tarotista me reveló que se iban a derrumbar todas mis torres. No lo entendí hasta que esa misma tarde me despidieron del trabajo. En su momento fue una tragedia. Caí en una depresión terrible, pero una mañana pensé: "Algún día me reiré de esto. Mientras tanto, voy a escribir".

El resultado es este libro que tienes en tus manos. Una colección de mis historias favoritas sobre aquellos a los que siempre nos pasa algo. Aventuras reales que nos han hecho miembros de la "Sociedad de la Gente Acontecida". Un club que reúne a personas que salen de sus casas con absoluta normalidad y en el camino les ocurre un episodio extraordinario que da pie a la frase: "¡No saben lo que me pasó!".

A ellos va dedicado este libro. Con algunos nombres cambiados, porque a los acontecidos no les hace falta mayor fama de la que ya gozan.

Excepto Berenice. Ella se merece la fama por dispersa.

Nota al lector: esta colección incluye un cuento llamado *El jabalí*. Lo escuché por primera vez de la boca de Carlos Julio, mi mejor amigo, y me pareció fantástico. Quienes lo han oído opinan lo mismo. Incluso, le lanzan elogios como: "Yuyo, ¡este es el mejor cuento del mundo!" o "¡Deberías escribirlo!".

Debo confesar que no puedo vivir en un mundo donde mi hermano del alma me robe el *show*. Eso es un insulto. Menos, con una historia que ni siquiera le ocurrió a él. Así que he decidido ofrecerte mi versión. Mi idea es que la próxima vez que Carlos Julio lo cuente en una fiesta, alguien le diga: "Ay, sí, qué risa. ¡Lo leí en el libro de Toto!".

Ese día seré feliz.

PADRES DESVIADOS

Mi mayor deseo en la vida es ser una persona aburrida. Alguien a la que no le pasen cosas insólitas. Por desgracia, eso es imposible gracias a mis *roomates*, mejor conocidos como mamá y papá. Compartir casa con ellos equivale a estar sobre el primer tirabuzón de una montaña rusa. No exagero. Desde el momento en que se despiertan, yo subo los brazos.

No sé cómo lo hacen, pero esa gente cree que vive en un *reality show*. Otros padres se ponen una bata y se sientan a desayunar. Los míos salen de su cuarto y el mundo se transforma en *Jumanji*. Ayer me dijeron: "No dormimos en toda la noche. ¡Unos rabipelados cavaron un hueco en el techo y cayeron encima de la cama!". Lo juro. Una vez alguien me preguntó por qué todavía vivía con ellos. Le respondí: "Es más barato que visitarlos en el manicomio".

La mejor definición que tengo para describirlos es que son unos "adolescentes *senior*". Personas que trabajaron toda su vida, ahora viven de sus ahorros y saben cómo operar el Cártel de Sinaloa gracias a la infinidad de series sobre narcotráfico que han visto en Netflix. En el ínterin pelean. Tienen cincuenta años en guerra por la posición de la tapa de la poceta. Ninguno soporta el ronquido del otro y su día se va en encontrar el único par de anteojos que les permite leer recetas, mensajes de cumpleaños en el chat familiar y un importante cúmulo de *fake news* que luego reenvían a diestra y siniestra.

15

Su guardia y custodio soy yo. Entre mis funciones están el ser árbitro para determinar quién derramó tres gotas de pipí en el suelo [papá]; quién puso un vaso de *whisky* sin servilleta sobre la mesa de caoba que dejó una mancha "dificilísima de quitar" [papá]; y quién olvidó la bolsa del mercado encima del techo del carro y ahora el helado de fresa se derritió... Esto último fue mamá, salvo que necesitamos tener a un abogado litigante presente para que mi padre y yo la culpemos de este delito de manera pública.

Por años no supe cómo tranquilizar a este par de adolescentes de la tercera edad hasta que memoricé el número de los canales de Televisión Española, ¡Hola TV! y Antena 3. El problema es que los sobreexpuse a programas como *El Hormiguero* y *Pasapalabra*. Tal ha sido su españolización que una noche me piden ayuda para organizarles un viaje a Madrid, porque quieren conocer el restaurante de MasterChef.

Su idea no me parece descabellada. Una vacación temporal siempre resulta buena para la convivencia. Jaime, mi pareja, estará en España al momento de su llegada y cuando le cuento, se ofrece a escogerles un buen apartamento para alquilar por Airbnb y ayudarlos con las maletas. Aprobada la moción, mis padres compran sus pasajes y yo les armo una carpeta de viaje, donde les resalto en amarillo la hora del embarque de su vuelo. Nada les puede estresar más a unos "mayores sin acompañantes" que el imaginar que no llegan a tiempo al aeropuerto.

El día del viaje comienza con la ansiedad que les da el hacer las maletas. Veo a papá rodar su maletín de mano por toda la casa "para ver si lo puedo cargar". Mamá, en cambio, le saca de su *carry on* una chaqueta que él insiste en llevar. Fue comprada en descuento en 2004 y ya en ese momento era fea. En sustitución le mete siete suéteres de lana, "por si te da frío". Tras empacar un neceser con maquillaje y otro con más medicamentos que el dispensario de una clínica, mis padres lo han logrado de nuevo: salir de viaje con sobrepeso.

Mientras tanto, aprovecho para hacerles el *check-in* en la página web de Air Europa. Ahí les insisto que si bien los asientos que han escogido pueden tener más espacio por ser una salida de emergencia, me parecen problemáticos porque quedan muy cerca del baño. Lo más probable, les digo, es que el continuo abrir y cerrar de la puerta les moleste su descanso.

—¡Que nos pongas en la salida de emergencia! —gritan al unísono desde su cuarto.

—Está bien, pues. Como ustedes manden —respondo resignado.

Al llegar el taxi a la casa, me despido de ellos. Les doy la bendición y pido que me avisen cuando se hayan chequeado, ubicados en la puerta de embarque y listos para abordar. Como buenos adolescentes descarriados, el único mensaje que recibo es de mi mamá a las 10:30 de la noche, quien escribe: "Ya sentados en el avión. ¡Estos puestos son un horror! Por favor, revisa la cafetera, que creo que la dejé prendida. Apagando el celular. *Bye, bye!*".

Miro la pantalla del teléfono y sonrío. Ella siempre envía sus mensajes con el emoticón de la carita que abraza. Jamás se ha dado cuenta de que en realidad pinta una paloma.

Les deseo un buen viaje, recordándoles que Jaime estará en la puerta del apartamento que alquilaron para apoyarlos a su llegada. El mensajito tiene una sola flecha en el WhatsApp, lo cual indica que el avión despegó y se quedó sin señal. Listo el pollo, pienso, comenzaron mis vacaciones. Pongo el teléfono a cargar, apago las luces y me acuesto a dormir.

Mi sueño es reparador. Al despertar, reviso el teléfono para ver si ha entrado algún mensaje, pues ya deben haber aterrizado. Encuentro dos. El primero, un SMS de Jaime que dice: "¿Has sabido algo?". El segundo de Mariana, una amiga que vive en Madrid y cuya madre también iba en el vuelo. Me manda una nota de voz que dice: "Buenas, yo no sé si sabes que desviaron el avión a Barbados por una emergencia con un pasajero. Imagino que no debe ser ni mi mamá ni tus padres, pues conociéndolos ya nos habríamos enterado".

Mientras escucho el mensaje de Mariana y trato de entender lo que dice, Jaime me envía una foto. Un mapa del vuelo de mis padres, donde sale que el avión despegó en línea recta de Maiquetía en dirección a la isla de Martinica y desde ahí hacia el océano Atlántico. Sin embargo, en vez de seguir a Europa, hizo una vuelta en U y aterrizó en el Aeropuerto Grantley Adams International en Bridgetown, Barbados.

Me froto uno de mis ojos para quitarme las lagañas y suspiro. Esto es demasiada información a esta hora de la mañana. ¡¿Qué coño hacen mis padres en Barbados?!

Decido llamar a Mariana por FaceTime.

—¿Me puedes explicar dónde está el avión en este momento? —le digo sin saludar.

—En el aire. Debe aterrizar en Barajas en un par de horas —contesta.

—¿Cómo sabes?

—Porque acabo de trancar con una representante de Air Europa.

—Ajá, ¿y qué dijo?

—Que habían bajado a un pasajero. Pregunté si podía darme el nombre, ya que tenía a tres personas mayores en ese vuelo. Me dijeron que no por razones de seguridad.

—¿Sabes si es alguien enfermo?

—No me quieren decir. Solo me recomendaron que me quedara tranquila. Igual estoy saliendo hacia el aeropuerto y te aviso de lo que sepa.

Me despido de Mariana y cuelgo la llamada. O esto se trata de un pobre pasajero al que le dio un patatús en pleno vuelo o este es el mayor aventón de todos los tiempos. Quizás alguna doña viajera le tocó la puerta al piloto para decirle: "Hola, mi capitán. Mucho gusto. Mire, ¿será que usted me puede soltar en Barbados que le quiero llevar unos dulcitos a la abuelita de Rihanna?".

Jaime me escribe que también habló con Air Europa. El avión ya viene en camino y él va a ir a recibir las llaves del Airbnb y esperar a mis padres en la puerta del apartamento. Algo optimista de su parte, pues yo ni sé si están en el avión. Igual, decido mantenerme tranquilo. Mamá es una persona que se hace sentir en caso de una emergencia. Si a ella o a papá les hubiera ocurrido algo grave y los tuvieron que sacar del avión, estoy seguro de que la primera ministra de Barbados y el director general de la Organización Mundial de la Salud estarían dando una rueda de prensa en este momento. Mínimo un *live* en Instagram.

Mientras tanto, el mensaje que le envié anoche sigue sin ser recibido. ¿Qué le costaba prender el Wi-Fi en Barbados?

A las dos horas exactas, llega la noticia que espero. El avión ha tocado tierra en Barajas. Me siento como el director de un programa especial en televisión. Tengo a Mariana en el aeropuerto pegada a la baranda en el área de llegadas y a Jaime asomado desde el balcón del Airbnb. Si me hubieran dado más tiempo, tendría a una corresponsal de noticias lista para salir en vivo vía satélite. Imagino el reportaje frenético: "Gracias estudios, nos encontramos aquí en el Aeropuerto Internacional Adolfo Suárez, concretamente en la T4, donde en estos momentos… permiso… en estos momentos nos trasladamos hacia la terminal para constatar si los padres de Toto están a bordo del vuelo UX 72 de Air Europa".

Mi burbuja imaginativa se rompe con un *ping* en mi teléfono. Ha entrado un mensaje de mamá. Lo leo con rapidez.

"¡Un desastre el viaje! Tuvimos que aterrizar en Barbados para bajar a un loco drogado que iba a bordo, porque se puso violento y golpeó a un gentío. El capitán tuvo que botar TODA la gasolina para darle la vuelta al avión y aterrizar en Barbados. No hemos comido nada y no pudimos dormir del susto. ¡UN HORROR! Ya en Madrid buscando las maletas".

Acompaña su mensaje con siete emoticones de la carita con la paloma pintada. Esta vez estoy 100 % seguro de que son intencionales.

De todas las situaciones que pasaron por mi cabeza al intentar adivinar lo ocurrido en ese vuelo, jamás pensé en un hombre colocado. Es más, creo que ni siquiera estaba en mi top 10. Igual no tengo tiempo de digerirlo mucho, pues recibo otra nota de voz de Mariana que dice:

"Ya salió una chama del vuelo a la que dejaron ir de primera porque tenía una conexión. El cuento es que, al parecer, un danés se levantó de su asiento a la hora y media del vuelo a caerle a golpes a todo lo que se movía y lo tuvieron que aguantar entre varios pasajeros hasta que aterrizaron en Barbados, donde lo sacó la policía. Ya va, aquí veo que están saliendo tus papás. Hablo con ellos y te escribo".

Respiro aliviado, por lo menos tengo una fe de vida. Espero con impaciencia que Mariana averigüe cómo están y me reporte. A los siete minutos, recibo otra nota de voz. "Aquí estoy con tus papás. Ya se montaron en el taxi. Quiero que sepas que ya tienes el primer capítulo de tu próximo libro, porque el comentario general es que tu mamá estaba en la línea de fuego del incidente y básicamente es una de las protagonistas".

Por supuesto.

Le aviso a Jaime que ya van en camino hacia el apartamento. No quiero ni contarle lo que pasó, pues ni yo mismo entiendo. "Deja que ellos te expliquen", le digo. Al cabo de un tiempo me llama por videollamada y veo en la pantalla a mis padres bajándose de un taxi. Parecen unas marmotas secas de agua, sus caras agotadas por una experiencia interminable.

—¡Toto, mi amor! ¡No sabes el horror! —me grita mamá impresionada.

—Marisela, ¡dame un cigarro! —oigo que le dice mi papá.

—¡Juan, qué no! —le contesta— Ya te has fumado tres.

Esto le doy a mis padres. Ni un incidente a bordo de una aeronave les impide continuar con su eterna discusión marital. Jaime voltea su teléfono y me dice que va a ayudarlos con las maletas y me llama después desde el apartamento para que ellos me cuenten con calma. Cuelgo y miro el reloj de la cocina. En Caracas no son ni las nueve de la mañana y ya siento que he vivido un año completo en un día.

Tras instalarse, mamá llama para contarme los hechos de su noche terrorífica. Una hora y media después de haber despegado desde Maiquetía, sentados en sus sillas de emergencia, una mujer en gran estado de nervios corrió hacia ellos. Con la voz quebrada contó que un hombre europeo sentado junto a ella había comenzado a tocarla de manera inapropiada, abuso que se intensificó cuando el pasajero de la silla contigua se levantó para ir al baño.

—Por favor, escóndanme que tengo miedo— les suplicaba la mujer a mis padres y a los demás pasajeros que la escuchaban. Una de ellas le entregó una chaqueta con capucha forrada en piel para que se cubriera y se la puso. En ese momento todos vieron que un hombre alto, rubio y corpulento comenzó a deambular por los pasillos. "Ese es el tipo", dijo la víctima y corrió a esconderse en un asiento.

Mamá cuenta que empezó a sentir escalofríos a medida que el hombre se les acercaba. Se detenía en cada fila para intentar encontrar a la mujer y cuando llegó a los asientos de mis padres, ella pudo ver que estaba fuera de sí. "Ahí se metió en el baño, de donde no salió por un buen rato", me dice.

—¡Qué horrible! Y ustedes al lado —le contesto.

—No sabes la tensión. Cuando al fin abre la puerta, veo que tiene los ojos rojos y respira con rabia. Se me quedó viendo y yo sentí que me iba a matar.

—¿Pero te dijo algo?

—Sí, me gritó: *"Where is she?"*. Yo, muy calmada, le tuve que decir: *"Take it easy"*, porque si ese hombre me agarraba a mí, tu papá ni de vaina me iba a salvar. El tipo no me hizo caso y siguió hasta que llegó a una fila donde había un bebé.

Ella narra que el hombre se detuvo frente a una mujer con un recién nacido. Lo intentó acariciar, pero ella le gritó y le pegó en la mano para alejarlo. Luego, el tipo empujó a un señor mayor que caminaba por el pasillo.

—Lo del viejito fue terrible. Después intentó cargar a otro bebé dormido en los brazos de su papá. Olvídate, estaba drogado hasta las metras —me cuenta.

—Lo que no entiendo es por qué le dio por cargar bebés —le comento. Eso es raro. Nadie, por muy loco que esté, pasa de *Atracción fatal* a *The Nanny*.

—Bueno, lo del bebé fue el detonante —interrumpe papá.

21

—Sí, se armó el zafarrancho —responde mamá.

—¿Cómo así? —pregunto con curiosidad.

—Bueno, que en ese momento llegaron los sobrecargos que ya se habían enterado del caso del abuso con la pobre mujer y corrieron a ordenarle al hombre que se sentara. Y te digo una cosa, mi admiración por las aeromozas, pues ese tipo comenzó a empujarlas y esas mujeres se mantenían firmes hasta que varios pasajeros tuvieron que levantarse a caerle a golpes para tumbarlo al suelo y controlarlo.

Mamá cuenta que ahí comenzó la odisea. Las luces del avión se prendieron y el capitán ordenó que se sentaran con sus cinturones de seguridad amarrados. Luego anunció que había tomado la decisión de aterrizar de emergencia.

—Tu papá y yo muertos de miedo, sin comer ni dormir, mientras el avión botaba toda la gasolina para poder aterrizar. Fue una eternidad hasta que por fin logramos tocar tierra en Barbados y no te quiero contar cómo entró la policía a llevarse a ese idiota que, olvídate, no le van a permitir volar más nunca. Ni en ultraliviano. ¡Estamos vivos de milagro!

—¡Y encima nuestros puestos malísimos! —concluye papá.

Suelto una carcajada. Cada quien con su problema.

Solucionado el drama de los padres desviados, los dejo tranquilos para que puedan bañarse y olvidar el susto de lo que fue una pésima noche. Me sirvo otro café y me pongo a pensar en los pasajeros del vuelo, en la mujer que fue abusada y en los padres de las criaturas que cargó ese hombre. ¿Cuánto susto se pasó a bordo por culpa de un depredador? ¿Cuántas conexiones se perdieron? ¿Y por qué carrizos les tienen que ocurrir este tipo de cosas a mis papás?

Luego recuerdo que mis progenitores son unos imanes para los acontecimientos. Mamá es una señora que todavía no puede explicar cómo fue que perdió un sostén en la Space Mountain del Walt Disney World. Que salió a conocer Abu Simbel en pijama porque papá mandó su maleta antes de tiempo a otra ciudad y ella se quedó sin ropa. Le agarró un golpe de Estado en Ecuador, se encontró una culebra en su clóset y no fue bombardeada en un estudio de televisión en Lima porque a último minuto le cancelaron la entrevista del programa al que estaba invitada.

A papá le dicen Mr. Magoo. Alguien que salió a caminar y terminó en el fondo de una alcantarilla que se abrió por accidente. El que se ganó un viaje en un crucero mientras estaba en un crucero y el que ha dominado la técnica de no hacer fila, "porque uno pone cara de perdido y a alguien siempre le da lástima".

Insólito. Mis padres son los protagonistas de un *reality show* que no termina. El desvío de este avión no significa nada para ellos. Un martes cualquiera. Por eso es que mi vida tiene que ser aburrida, debe haber alguien cuerdo en la mesa del Sombrerero Loco, así sea para pagar la cuenta.

Aunque sé que ya están a salvo en Madrid y que esta noche cumplirán su sueño de cenar en el restaurante de MasterChef, no deseo que le pasen estas cosas a mis adolescentes *senior*. Más bien, quiero que vivan en un mundo cuya idea de mala experiencia en un vuelo sea por una ligera turbulencia y no por una pelea de boxeo. Que vayan en aviones donde la película que pasen esté protagonizada por Julia Roberts y George Clooney y no por ellos. Quiero que viajen en asientos cómodos y que al bajarse del avión sólo digan que el pollo estaba infesto.

Sobre todo, quiero unos padres que me dejen tomar café sin matarme de nervios antes de las diez.

Y POR ESTO ES QUE NO HAGO EJERCICIO

Una advertencia para quienes tienen hermanos: cuando llamen a pedirles que les cuides a sus mascotas, digan que no. Así sea un hámster, un pececito o un morrocoy que se pierde en el jardín y no reaparece sino dentro de 150 años. Inventen una excusa y luego múdense. Se los digo por experiencia.

Dos días antes de irse a vivir a Panamá, mi hermano Alejandro me dejó a Abba, su perra *beagle*, como regalito de salida. Sí, su nombre viene del grupo sueco, porque nació en pleno furor de la película *Mamma Mía!* y a todos nos pareció indigno que le pusiera Meryl Streep. Esto no tiene nada de raro en mi familia. Una vez, durante el paro petrolero, mi papá llegó a la casa con una *shar pei* a la que llamó Pilín León.

—¿Por la Miss Mundo? —le pregunté al conocerla.

—No vale, por el tanquero que fondearon esta mañana —me respondió—. Si los chavistas le borraron el nombre al barco para ponerle La Negra Matea, lo más democrático es que lo tome yo.

Nadie entendió su lógica y tampoco hizo falta. A la semana, Pilín León huyó de la casa y, como la democracia en Venezuela, nunca más volvimos a saber de ella.

Abba, en cambio, se quedó para siempre. Pero su presencia probó ser incompatible con mi independencia. Mejor dicho, con mi flojera. Me di cuenta una tarde, echado en un sofá, mientras abría una bolsa de Doritos. En ese instante, la perra se instaló a mi lado como la pedigüeña en Playa Parguito y no se despegó. Harto de ser visto, le di un chip que se devoró sin masticar. A partir de ese momento, me convertí en su perro.

Su plan de dominación fue magistral. Al percatarse de que mis días consistían en estar jorobado frente a una computadora, se dedicó a comer objetos para llamar la atención. Comenzó con los cojines que no le duelen a nadie, luego por mis sandalias Birkenstock y cuando sintió que se había tragado mi paciencia, se comió una aguja.

La llevé al veterinario para que se la sacaran del esófago. A las dos semanas volví al consultorio, porque la encontré encima de la mesa de la cocina atragantada con un golfeado. En mi tercera visita, esta vez a causa de una afeitadora masticada, el veterinario me sentó para darme una charla sobre la ansiedad canina.

El remedio sugerido fue sacarla a pasear. Renuente a vivir con una perra suicida, me propuse darle a diario una vuelta a la manzana. El primer día, salió disparada por la puerta de la casa como si escapara de un secuestro. Yo me agarraba de la correa como podía e incluso hice algo que no había intentado desde las clases nefastas de Educación Física en el colegio: corrí.

El intento explotó en mí una sensación de euforia. ¿Quién pensaría que correr era tan liberador? Abba sintió que me las estaba dando de Usain Bolt y cambió del trote al galope. Así nos fuimos calle abajo, en la versión niche de Pedro el cabrero y Heidi en los Alpes suizos. De pronto, se detuvo en seco. Su olfato había detectado un hueso de pollo descartado en el suelo y decidió frenar para lanzarse *El festín de Babette*. Como yo venía en modo Meteoro, choqué contra ella, me enredé con la cuerda y caí de platanazo en la acera.

Abba se sobresaltó al verme en el suelo. No por lástima, sino por temor a que le quitara su hueso. Derrotado, comencé a gritar del dolor. Había caído con fuerza sobre mi mano izquierda. Aquel tropiezo fue suficiente para terminar el paseo más corto de todos los tiempos e irme directo a la clínica.

Tras sufrir la humillación de narrarle al médico cómo sucedieron los hechos, me dijo que no me había fracturado la muñeca de milagro. Me mandó a casa con una férula y una fuerte dosis de un fármaco para bajar la inflamación.

Pero olvidé tomarme un protector gástrico y el estómago se me volvió fruta. Seis días después me hospitalizaron por una úlcera duodenal y una hernia hiatal con esofagitis de reflujo. Todo esto por un paseo de cinco minutos a una perra, que no quiso dejarme quieto con mi flojera.

Al salir de la clínica, resolví que lo mejor para las partes involucradas sería contratar a un paseador profesional. Lo que no sabía era lo complicado que podría ser conseguirlo. El primero se llamaba Miguel, un *millennial* simpatiquísimo que se estrenaba con Abba en el oficio, hasta que desistió porque se fue a vivir al Lago de Maracaibo a formarse como ambientalista.

Luego vino Otto, quien casi no devuelve a la perra porque "olvidó" dónde quedaba mi casa. Le siguió Maritza, que no trabajaba con perros pequeños; Arthur, que quería cobrar como si Abba fuera una competidora profesional, y Yerlis, que no recogía desechos porque se le dañaba la manicura.

Tras mucho buscar, conocí a Claudia, una experta en mascotas ansiosas, hiperactivas y glotonas como la mía. Abba la adoró al instante y, desde entonces, la espera emocionada en la puerta de la casa. A veces pienso que lo único que le falta es la lonchera y el lazo blanco que usan las niñas del colegio Cristo Rey. Cuando la buscan, paticas pa'qué te tengo y a mí que me parta un rayo. Tampoco me importa. Ella es feliz y yo puedo volcarme con gusto a mi flojera.

O eso creía.

Después de seis meses de paseos plácidos, un día Abba se da cuenta de que eso de esperar a que se haga de tarde para salir no es más que una trampa jaula. No importa que Claudia la busque de lunes a viernes, ella quiere pasear a toda hora y me lo hace saber con lloriqueos y pataletas. Intento cualquier método para calmarla, desde jugar con ella en el jardín hasta ofrecerle un ron. Nada funciona. A la perra le gusta la rumba.

Una noche decido que voy a volver a intentar pasearla, esta vez temprano en la mañana. Así la canso lo suficiente como para que no me fastidie hasta la tarde, cuando Claudia la venga a buscar. Igual, ya estoy curado de todos mis males y he aprendido que no se me da correr. Punto. La idea me gusta, pues no solo me permite cansar a la perra, sino que también me obliga a hacer algo de ejercicios. La consecuencia de ser flojo es la lipa.

A la mañana siguiente salto de la cama con ímpetu y abro el clóset para buscar mi ropa de ejercicio. Ha pasado tanto tiempo desde la última vez que hice deporte, que al abrir la gaveta donde guardo mi único *short* sale volando una polilla. Me pongo una franela, una gorra y unas medias fantasmas que se esconden dentro del zapato de goma. Siempre he pensado que la liga corta la circulación de pie, pero no me importa. Así se visten los deportistas y ahora soy Toto Fit.

Salgo de mi cuarto a buscar a Abba, quien, para mi sorpresa, está dormida en su cama y no en un sofá donde acostumbra hacer *time-sharing*. Al olerme, se despierta de un solo golpe.

—¡A pasear! ¡A pasear! —le grito con esa voz de animador de programa infantil que por alguna razón hacemos los dueños de perros.

Su emoción es total y en menos de dos segundos me he convertido en su Taylor Swift. Al ponerle la correa, empieza a correr y me arrastra hacia la puerta con tanta intensidad que, por un instante, siento que estoy deslizándome sobre unos esquís.

—Abba, ¡quieta! —le grito con voz de comandante. Me obedece en el acto. Esta vez vamos a ir a mi ritmo. Primero muerto antes que terminar en el hospital como la otra vez. Salimos con el frío de la mañana y subimos por la avenida que está desolada. En la mitad de la calle, Abba se pone en cuclillas y comienza a hacer sus necesidades. Ahí aprovecho el momento y saco una bolsa plástica que guardo en mi bolsillo. Una de esas fabricadas en los Estados Unidos que vienen del tamaño justo, huelen a lavanda y cuestan una fortuna porque hasta el pupú de perros se convierte en un negocio universal.

Mientras espero a que termine, comienzo a escuchar varios ladridos a lo lejos. Miro hacia el final de la calle donde queda un galpón del automercado de la zona. Allí, postrados en la azotea, están tres perros dóberman de gran tamaño. Sus ladridos suenan a amenaza, incesantes y malévolos. Han visto a Abba y no les gusta que una extraña les invada el territorio. Que la perra ande en el baño de damas los tiene sin cuidado. Invasor es invasor.

Abba también ha oído los ladridos y termina de hacer lo suyo con cierto nerviosismo. Me agacho a recoger su número 2 con la bolsita metida en la mano, como cuando uno se preparaba para tumbar la piñata. Ahí me doy cuenta de que ella ha retraído su cola en señal de miedo. Diría en criollo que "está cagada". Acaba de terminar de hacerlo y tengo las pruebas en la mano.

Levanto la mirada una vez más para asegurarme de que los perros no son un peligro, cuando veo que la puerta del galpón está abierta de par en par. De repente, uno de ellos galopa como gacela con esteroides hacia nuestra dirección. El tiempo se detiene.

Miro a Abba y pienso: "Listo, me la mataron". Me quedo petrificado sin saber qué hacer, pues no hay mucha oportunidad de correr cuando tienes a un exalumno de la Escuela Iván Drago para Canes Furibundos.

El dóberman está a un paso de la reja del galpón y solo tiene que cruzar una calle para llegar a devorarnos con sus colmillos afilados. Detrás de él sale un vigilante que le grita: "¡Quieto, Zeus!", pero no le hace caso. Cojo a Abba entre mis brazos y me preparo para lo peor. Zeus está a punto de darse un desayuno de campeones y en lo único que pienso es en ese chiste que dice: "¿Los flojos vamos al cielo o nos vienen a buscar?". Lo veo dar un salto olímpico hacia la calle transversal y cierro los ojos. Chao, Abba. *The Winner Takes It All*. Adiós, mundo cruel.

¡BOOM!

El impacto se siente como si una bañera hubiera caído del séptimo piso de un edificio. Un carro rojo ha chocado contra el dóberman en el momento exacto en que cruzaba la calle. La colisión es tan fuerte que veo al perro volar por el aire con parte de su cabeza desprendida. Cae al suelo, emite un último grito de sirena y fallece en el acto. La versión canina de la película *Mean Girls* cuando Regina George, la villana, es arrollada por un autobús escolar.

No alcanzo a ver al perro muerto. Lo único que escucho son los gritos despavoridos del vigilante. Me levanto del suelo y comienzo a pegar la carrera hacia mi casa. Arrastro a Abba sin detenerme a pensar que la fuerza con la que tiro de la correa podría asfixiarla. Entro a la casa como rayo cósmico y me derrumbo en el suelo. Las piernas me tiemblan y no sé por dónde comenzar a pensar. ¿Acabo de presenciar un homicidio culposo o me he salvado el pellejo por un golpe de suerte?

No dejo de escuchar el ruido del impacto del carro en mi cabeza. Esto es peor que Clarice Starling y la mutilación de los corderos en *El silencio de los inocentes*. Abba me lame la mano para tranquilizarme, como si también supiera que ha escapado de una muerte súbita. Salvo que cuando la voy a acariciar, me doy cuenta de la razón de sus lamidos. Tan fuerte hemos corrido hacia la casa que he extirpado la bolsa con sus desechos. Genial, he escapado de la escena del crimen con la mano llena de mierda.

Siento un enorme deseo de regresar a la calle para ver qué fue lo que ocurrió. No me atrevo porque me ha entrado un sentimiento de culpa. Por mi afán de hacer ejercicio le arruiné la mañana a medio mundo. A Abba la dejé sin paseo, al guardia sin perro, al perro sin vida y al conductor del carro con un cuento traumático para el psiquiatra. Me recuerda a esta frase de la película *El curioso caso de Benjamín Button*: "A veces vamos en curso de colisión sin saberlo y, sea por accidente o por designio, no podemos hacer nada por cambiarlo".

Me ha sucedido igual. Todo se alineó para crear una secuencia de eventos que ocurrieron porque no salí un segundo más tarde de mi casa. De haberlo hecho, estaría en este momento sentado en la calle con un mordisco en las piernas y abrazado a mi perra muerta en una recreación trágica de La Piedad, de Miguel Ángel. No ocurrió y aquí estoy otra vez, bañado en sudor por nervios y no por esfuerzo físico.

Después de un par de días, el trauma se siente cada vez menos. Me lleno de coraje para pasar por el galpón y darle mis condolencias al vigilante que corrió tras el dóberman asesino. Me dicen que no está. Capaz no quiere verme. Considero mandar una corona de flores, como para que sepa que estoy pendiente. Luego desisto, eso sería el colmo.

Por lo pronto, mi *short* de deporte reposa en su gaveta respectiva. Yo estoy acostado en el sofá, dedicado a ser un flojo feliz como siempre ha tenido que ser. Abba hace todos los berrinches del mundo para que la saque a pasear antes de que sea su hora oficial de paseo con Claudia. No le presto ni la más mínima atención. Intenté hacer ejercicio y a mí no me dejaron. Más bien, me traumatizaron.

Nota al conductor anónimo del carro rojo: Si lees esto alguna vez, gracias por salvarle la vida a mi perra. Eres Batman.

Nota 2, también al conductor del carro rojo: Disculpa que tuviste que matar a otro perro para hacerlo. Si quieres te puedo pagar el psicólogo.

SAN ANTONIO, BÚSCAME UN NOVIO

La Nena ya no encuentra qué contestar cuando gente extraña la aborda en fiestas para preguntarle por la talla del San Antonio que tiene en su casa. Se ha esparcido un rumor por Caracas que posee poderes milagrosos y los curiosos quieren saber si es verdad que consigue novios, forja romances y acelera peticiones de mano. Tal ha sido su fama que la frase "vaya para donde La Nena" se ha hecho común entre las tías cazamaridos, aquellas que buscan conseguir una buena pareja a sus sobrinas solteras.

El ritual en casa de Nena siempre es el mismo. Suena el timbre, se escucha un "buenas" y sin ton ni son se entra en materia. "Llévame hacia el santo maravilloso", le imploran. Tampoco tienen que buscar mucho, el San Antonio se erige sobre un pedestal en la entrada de la casa. Una gran talla de madera del siglo XVIII muestra a un hombre divino de facciones serenas, que lleva un sencillo hábito gris con un cordón atado a la cintura. Al verlo, las mujeres se acercan hacia él con solemnidad. ¿Quién diría que tan solo falta una plegaria para que les conceda el milagro?

Nena recuerda el momento exacto en el que comenzó esta locura. Fue una tarde cuando recibió una visita de Graciela, su sobrina, quien se quejaba porque Gustavo, su novio desde hace cinco años, no le había pedido matrimonio.

33

—Estoy desesperada, tía Nena —le decía mientras las dos tomaban café en la sala—. Ese hombre ya no me puede tener haciéndome las manos en la peluquería todos los viernes para ver si de repente me da un anillo durante el fin de semana. ¡No quiero ser la última de mis amigas en casarme!

—¿Por qué no se lo pides a San Antonio, mi Grache? —le preguntó su tía.

—Qué va, ese santo te consigue novio. Yo lo que necesito es uno que ayude a Gustavo a ponerse las pilas.

Nena escuchó a su sobrina y le señaló la talla religiosa en la entrada de la casa.

—San Antonio también se encarga de darle solución a las causas imposibles —le dijo—. Ve y rézale algo a ver si atiende tus plegarias.

Graciela obedeció y caminó hacia el santo. Nada perdía. Se llenó de valor y comenzó a recitar en voz baja una oración que había aprendido de pequeña en el colegio de monjas.

—Tres gracias te concedió el Señor. Que las cosas perdidas fueran aparecidas, las olvidadas recordadas y las propuestas aceptadas. Te ruego, San Antonio, que Gustavo me pida matrimonio pronto. Te suplico, santo bendito, que me concedas el milagrito.

Al terminar de rezar, se quitó el lazo blanco que amarraba su pelo y lo ató a las manos de la talla.

—¿Mejor? —le preguntó Nena cuando regresó a la sala.

—Algo —contestó con desgano—. Ahora esto queda en manos de Dios.

—Recuerda, Grache, que los milagros se les conceden a aquellos que actúan con fe. ¿Por qué no le pides matrimonio a Gustavo a ver qué dice?

Graciela se sobresaltó.

—¡Estás loca, tía! Primero muerta antes que arrodillarme yo.

—¿Y quién dijo que tenías que arrodillarte? Ponle el tema esta noche y lo conversan. No vas a ser feliz si te pasas la vida esperando a que alguien haga las cosas por ti.

Graciela se encogió de hombros y le contestó: "Bueno, ya se verá". Miró su reloj y se despidió de su tía, pues debía correr a arreglarse para una fiesta que tenía esa noche. Al salir, le echó un último vistazo a la talla religiosa y se dio cuenta de que el lazo que había atado se veía gigantesco entre las manos del santo. Igual sonrió. Quizás los grandes milagros requieren de enormes amarres para que surtan efecto.

A la mañana siguiente estaba de nuevo en casa de su tía.

—¡Tía Nena! ¿Dónde estás? —gritó emocionada mientras entraba.

—Niña, ¿qué pasa? —contestó su tía desde la cocina. —¿Qué haces aquí a esta hora y con este escándalo? Graciela se le abalanzó encima y la abrazó con fuerza.

—No me lo vas a creer. ¡Se ha cumplido el milagro! Mira el anillo que Gustavo me dio anoche en la fiesta. ¡Me caso gracias al santo asombroso!

De esta manera se sellaron los poderes divinos del San Antonio de La Nena.

A los pocos días, Graciela se presentó de nuevo en su casa junto con tres amigas solteras. Cada una cargaba en sus manos un lazo de color diferente.

—¿Cómo fue la oración que le ofreciste? Dinos las palabras exactas que usaste —le imploraron las muchachas.

—Tres gracias te concedió el Señor… —contestó Graciela.

A las dos semanas, el milagro volvió a suceder. Una de ellas llamó a La Nena y le dijo: "Ese santo es cumplidor. Hay un tipo que no me hacía ni pestañeos y bastó que amarrara ese lazo para tenerlo a punta de caramelo". Antes de trancar, le preguntó si no le importaba que trajera a otra amiga que también quería rezarle a la talla.

Así comenzó la peregrinación diaria de mujeres solteras hacia la casa de La Nena. Primero llegó una que llevaba diez años sin conseguir novio, luego otra recién divorciada. Junto a ella vino la del radar para los hombres malos y una que tenía más tiempo siendo viuda que la propia Nena. De la noche a la mañana, el santo estaba cubierto de lazos de tafetán, raso, seda, yute y cuero. Cada uno de ellos amarrado con la misma esperanza de conseguirse un buen partido.

Después, vinieron los gais. "San Antonio, búscame un novio", les suplicaban mientras amarraban lazos fabulosos a unos brazos minados de tela. Uno le trajo flores, alguien más le llevó velas. Incluso, otro que fue con un amigo descubrió que en casa de La Nena había otra pareja y de ahí los cuatro salieron con novio.

Así ha transcurrido este despelote. Esta mañana La Nena ha abierto las puertas de su casa dos veces y no son ni las diez. Mientras mira a San Antonio, suspira. Se siente agotada. Tan tranquilo que había sido todo antes de este caos. Ahora su casa parece un santuario de citas.

—¡No puedo más! —le comenta a su suegra por teléfono—. Van diecisiete novios encontrados y cuatro compromisos en menos de cinco meses. Aquí tocan el timbre todo el día sin descanso. Imagínese, suegra, que ayer una me preguntó que si podía voltear la talla. ¿Usted ha visto ese pecado en mi casa?

—Ay, querida —le responde su suegra—, ¿y para qué te pusiste en eso?

—¡No fue mi culpa! Solo le di a Graciela una sugerencia. La veía tan triste, pero ya esto es el colmo. El pobre santo tiene tantos lazos encima que parece un arlequín.

—Nena, por cierto, ¿de cuándo acá existe un San Antonio en tu casa? —le pregunta su suegra intrigada.

—¿No se acuerda? Es la talla que tuvo mi tía Lourdes toda la vida en su salón —le contesta.

—¿Esa la heredaste tú?

—Claro, ella me la dejó hace siglos.

—Ya va, que algo no me cuadra. ¿Dices el santo que estaba en casa de los Villegas?

—Ese mismo, el de gran tamaño, que es diferente a las demás tallas porque no tiene al Niño Jesús entre sus brazos. ¿No lo recuerda?

La suegra se ríe.

—Nena, ese no es San Antonio un carrizo. El santo de Lourdes Villegas era San Francisco.

—¿Cómo dice? —le pregunta su nuera confundida. Su suegra suelta una carcajada mayor.

—¡Has puesto a un gentío a venerar a San Francisco, el padre de la obediencia, la pobreza y la...

—Ay, mi madre, ¡no puede ser! —exclama La Nena mientras se lleva una mano hacia la cabeza.

—¡Exacto! —contesta su suegra—. ¡De la castidad!

Al colgar la llamada, La Nena se ríe sola mientras camina hacia la entrada donde reposa el falso San Antonio cubierto de lazos. Una a una desamarra las cintas hasta que la talla vuelve a quedar limpia de peticiones. Luego decide llamar a Graciela, su sobrina, para que comience a regar la voz de que su santo no cumple milagros. En eso suena el timbre. Afuera hay una mujer desconocida.

—Buenas, me contaron que aquí es donde está el santo casamentero. ¿Será que puedo entrar a verlo? —le dice la joven.

La Nena decide que no le puede mentir y le contesta:

—Lo siento mucho, el santo se retiró. Intente con Tinder.

LA NEUROSIS DEL TURPIAL

Clarita, mi prima, es como La Bella Durmiente sin los deseos libidinosos por un príncipe. Lo de ella son los animales y punto. Le encanta cazar mariposas en su jardín, darle de comer a las ardillas que la visitan y tener la guardia y custodia de un mono capuchino. Este último apareció un buen día en su casa y decidió que ahí le daban una atención más personalizada que en el vecino Parque Los Chorros, de donde muy probablemente salió. Diría que es el tipo de niña que ya no cree en San Nicolás, pero sí en que los perros van al cielo.

Hoy es su primera comunión, evento al cual no tiene interés en asistir por su poca afinidad con las clases de catequismo. La única razón por la que ha accedido a vestirse de novia prepúber se la debemos a mi astuta abuela Yiya, su profesora, quien le narró la historia de la devoción que tenía San Juan Bosco por los animales. Como recibirá el sacramento en la iglesia de este santo en Altamira, ha aceptado tomar la comunión con la esperanza de ver al don en el bosque con sus animalitos, como le contó nuestra abuela.

—Ay, qué bella mi sobrina —responde mi papá cuando le echo este cuento en el carro, mientras nos lleva a mamá, Alejandro y a mí hacia la iglesia.

—De bella, nada, Juan —le interrumpe mamá, quien va sentada en el asiento del copiloto—. Mi suegra me contó que se portó malísimo durante las clases de catequesis. Lo único que quería hacer era jugar en el jardín con el fulano mono. Imagínate que mordió al jardinero.

—¿Quién? ¿Clarita? —pregunta papá.

—¡No, chico! ¡El mono!

—Ah, bueno, seguro le estaba halando la cola. Él se queda pensativo unos minutos y luego dice:

—Oye, ¿y si le compramos un animalito de regalo de comunión?

—Ya yo le conseguí un rompecabezas —interrumpe mamá. Papá sigue absorto en sus pensamientos.

—Quizás un hámster o un loro. Sí, ¡regalémosle un lorito!

—Juan, no le vamos a dar más nada a la carajita. Ya estamos tarde, así que te agradezco que sigas para la misa.

Cuando a papá se le mete algo en la cabeza, no hay manera de disuadirlo. Por eso no me extraña que a una cuadra de la iglesia diese una vuelta en U.

—Juan, ¡por amor a Cristo! —exclama mamá de manera desconcertada—. ¿Para dónde vas si la iglesia queda ahí?

—¡Le vamos a ir a comprar un loro a Clarita! —le contesta él con emoción.

—¿Acaso te volviste loco? ¿A quién se le ocurre presentarse en una iglesia con un pajarraco? Ni que fueras un pirata.

—¡Mari! ¡Eres un genio! No lo había pensado. Me lo voy a poner en el hombro para que Clarita se emocione.

—Juan José Aguerrevere, te devuelves ya mismo a la iglesia.

—No, vamos a ir primero a la tienda de animales.

—Tú compras un loro y yo me bajo del carro en este instante.

—Ay, Mari, déjame ser. Además, a Clara le va a encantar más un animalito que un rompecabezas. ¿Verdad, niñitos?

Papá mira por el espejo retrovisor y nos ve a Alejandro y a mí sentados mientras vemos este *ring* de boxeo entre nuestros progenitores. Mi hermano, que a sus seis años rara vez habla por andar perdido en su mundo de fantasía, se acerca y me susurra al oído:

—Si se divorcian, ¿con cuál te quedas tú?

Cinco minutos después, llegamos a la tienda de animales. Papá apaga el carro y se baja para preguntar si ahí venden loros. Mamá sigue molesta y no la culpo. Según nos dice a mi hermano y a mí, este es el arranque de bondad más inoperante del planeta.

—No, es que yo les digo una cosa, niñitos... La paciencia que hay que tener para estar casada con ese hombre no es normal. Qué vergüenza. Seguro Clarita le tiene alergia a los loros.

—Ella solo es alérgica a las fresas —responde Alejandro.

—Pues hasta eso hubiera sido mejor regalo que un pájaro. Ya lo vi todo, nos van a excomulgar.

—Deja la exageración — le contesto—. Ni que tú tuvieras que cargar el loro.

Ella voltea.

—Ah, ¿es que tú no conoces a tu papá? Ese en la mitad de la misa seguro le da por salirse a fumar un cigarro y me va a dejar con el pajarraco. Eso escríbelo en piedra.

Diez minutos después vemos a papá salir de la tienda. En sus manos lleva una caja blanca de tamaño pequeño.

—Bueno, no tenían loros —dice al montarse en el carro.

—Menos mal —responde mi madre aliviada.

—Pero compré un turpial.

—¿Un qué? —decimos al unísono.

—Un pájaro bellísimo, con un pecho amarillo impresionante que vi ahí justo antes de salir.

Papá le entrega la caja y comienza a manejar hacia la iglesia. Mamá la observa de manera estupefacta. Uno de los laterales está cortado en forma de barreras para permitir que el pájaro respire. Adentro hay un turpial con un plumaje de color negro. Su expresión es la de un bachiller recién reclutado por la Guardia Nacional.

—¿Entonces se supone que yo debo aguantar esto durante toda la misa? —pregunta mi madre.

—Bueno, Mari, ya se verá.

—Es que ni agua tenemos para darle. ¿Por qué no podíamos ser una familia normal y regalarle a Clarita el rompecabezas?

41

—Porque quiero que tenga a Don Bosco.

—¿Cómo qué Don Bosco? —le pregunto con curiosidad.

—El turpial se va a llamar así.

Mamá se indigna todavía más.

—¿No te digo yo? Es que encima eres cursi. Deja que... Ella se interrumpe a sí misma. Observa la caja como si algo estuviera mal. Tras un largo silencio, decreta:

—Juan, ¡este pájaro está muerto!

—¿Cómo?

Todos nos acercamos para ver mejor. Ella nos enseña la caja y luego comienza a batirla con la mano.

—¡Miren! El pájaro no reacciona.

—Mami, por favor no muevas la caja así —le implora Alejandro. Ella insiste.

—¡Juan, compraste un turpial muerto!

Papá se desespera. —¿Cómo puede ser si lo acabamos de ver vivo?

—Se murió, te digo. ¡Mira que no hace nada!

Ella bate la caja una vez más y por el continuo forcejeo, uno de los laterales se abre y de ahí sale un pájaro con plumas negras y amarillas que comienza a revolotear con fuerza y furia por el carro. Todos nos cubrimos las caras como si fuéramos Tippi Hedren en la película *Los pájaros*, de Alfred Hitchcock.

—¡Suban los vidrios! —grita mamá.

—Marisela, atrápalo que vamos a chocar —contesta mi papá con voz nerviosa.

—¡Que suban las ventanas, dije!

Le obedecemos al instante, pero ya es tarde. En un acto de absoluta suerte, Don Bosco logra escaparse. Papá frena el carro. Adentro hay un silencio total, pues nadie sabe cómo reaccionar. Tras unos breves segundos lo veo voltearse hacia mi mamá para encontrar una respuesta. Ella lo mira con ojos glaciares.

—Si tú me dices que nos vamos a devolver a comprar otro pájaro, yo me divorcio de ti —decreta con voz de jueza.

—¿Bosco se llamaba Don porque era un señor o su primer nombre era Don? —pregunta Alejandro. Ya nadie en el carro tiene ánimos para contestar.

Al llegar a la iglesia, vemos a Clarita salir con cara descontenta. No había animales, ni siquiera en los vitrales, y eso la tiene mal. Peor se pone cuando mi papá le entrega una caja vacía, con el lateral cortado y le dice: "Clari, este era un pajarito que te íbamos a regalar, pero prefirió volar a contarle a Dios que ya habías recibido la primera comunión".

Alejandro no se aguanta y le dice: "Eso es mentira. Mi mamá asesinó a Don Bosco". Comentario que no cala bien con dos monjas paradas en la puerta.

La niña se pone a llorar. "¿Mataron a un pajarito?", dice en sollozo. Mamá se encoge de hombros y le entrega un rompecabezas como compensación.

Clarita será atea de por vida. Y cada vez que un turpial se pose sobre el jardín de mi casa, papá preguntará en voz alta si no será Don Bosco quien nos vino a visitar, porque sabe que eso arrecha a mi mamá.

EL SURFISTA NUREYEV

En agosto de 1981, el bailarín Rudolf Nureyev vino a Caracas a bailar "Giselle", durante las celebraciones por el centenario del Teatro Municipal.

Salvador Itriago, presidente de la Fundación Teresa Carreño, estuvo a cargo de su visita y le pidió a Trina, su hija de diecisiete años, que lo acompañara. Los dos entablaron una bonita amistad y junto a ella, Nureyev recorrió la construcción del Teatro Teresa Carreño y bajó a La Guaira a bañarse en el mar.

Todos en el club de playa al que fueron querían un autógrafo del bailarín. Él, en cambio, solo deseaba aprender a surfear. Trina lo complació y convenció a un surfista para que le diera una clase. Emocionado por la oportunidad, Nureyev se quitó su boína de cuero y se lanzó al agua.

Al poco tiempo llegó el Dr. Itriago a la playa. Al ver al soviético erigirse sobre una tabla, se llevó las manos a la cabeza y comenzó a silbarle a Trina para que se acercara a la orilla.

—¿Tú te volviste loca? —le gritó a su hija—. Ese hombre baila mañana. Dile que se baje ahora mismo. ¡Se va a romper una pata!

La noche siguiente, el Teatro Municipal se vino abajo en aplausos al ver a Nureyev hacer su entrada. Desde la primera fila, el Dr. Itriago respiró aliviado al comprobar que las piernas del bailarín más famoso del mundo estaban intactas.

Años después, Trina describiría la presencia de Nureyev sobre el escenario como magnética. Cuando le pregunté si su papá la había perdonado, me contestó:

—Te lo pongo de esta manera. Mi papá murió en 2004 y yo sigo castigada.

LA HIJA DE
DON JUAN ALBA
A Mara.

"La hija de Don Juan Alba dicen que quiere meterse a monja...".

Apenas lo escucho cantar, recuesto la novela que leo sobre mi pecho. Me río e imagino a Jaime con botella de champú en mano mientras saca el mejor tono de su garganta. Tiene buena voz, la vibración de las baldosas lo ayuda. En la soledad de su ducha ofrece un concierto privado sin saber que afuera hay otro asistente al evento.

"En el convento chiquito de la calle La Paloma".

Ya me he acostumbrado a este recital. Al menos varía su repertorio. Antier fue una canción de Morrisey y ayer Kylie Minogue. La de hoy no la reconozco, pues suena a vitrola. Algo que hubiera escuchado mi bisabuela una tarde en el salón de su casa.

"Su novio dice no quiero y ella dice no me importa".

La canción me intriga y oigo su letra con atención. Jaime canta sobre la hija de un señor que entró a un convento y ahora hay un novio que llora por las esquinas.

"Porque se ha metido a monja la que más quiero, mi compañera".

—Esa canción es una tragedia —le digo cuando sale del baño secándose el pelo con una toalla.

—¿Me oíste? —responde riéndose al saberse pillado.

—Y los vecinos también. ¿De dónde la sacaste?

—Es una de las canciones favoritas de Mara.

Mara es la mamá de Jaime. Una mujer que en su momento se catapultó como campeona nacional de bowling. Y, ahora, se convirtió en un as con las agujas de tejer. Se puede pasar horas sentada en el sofá tejiendo diseños atómicos, que van desde posavasos meticulosos hasta cubrecamas complicados. Me resulta fascinante verla en su labor y siempre he pensado que si las arañas fueran humanas, serían sus pasantes.

Me levanto de la cama. Entro al clóset donde Jaime se viste y me siento sobre un otomán. Sigo intrigado por la letra y decido averiguar más.

—Hay algo que no entiendo de esa canción.

—Dime —responde mientras se agacha para escoger unos zapatos.

—Si esa mujer tenía un novio, ¿por qué tuvo que salir a meterse a monja?

—Quizás le gustaba más ser monja, supongo. Cuando se levanta, le pregunto:

—¿Una mujer se mete a monja porque le gusta el trabajo o porque le gusta Dios?

—No sé, ¿las dos será? Anda y guinda esa toalla en el baño mientras me amarro los zapatos.

Entro al baño y lanzo la toalla sobre el vidrio de la ducha. Desde ahí le digo:

—Toda la vida he tenido esa curiosidad.

—¿Qué dices? —me grita.

Alzo la voz para que me escuche.

—Que siempre he querido saber cómo llegan las mujeres a tomar la decisión de meterse a monjas. ¿Eso será algo que les viene de repente?

—¿Por qué no le preguntas a Mara? Ella fue monja.

Puedo ver en el espejo del baño como mi boca se abre más grande que la de Luke Skywalker cuando Darth Vader le dijo: "Soy tu padre". Uno jura que conoce todo sobre una persona y el día menos pensado salen con este *plot twist* de telenovela. Más que una revelación, esto merece su propia entrada en Wikipedia. Camino rápido hacia el clóset y choco contra Jaime, quien ya va de salida.

—¡Epa! —exclama para evitar la colisión.

—¿Cómo así que fue monja?

—Bueno, no llegó a tomar sus votos, pero sí fue novicia. Ven, acompáñame a la cocina que voy a preparar una ensalada caprese para el almuerzo.

Sale del cuarto y comienza a bajar las escaleras.

—Ya va, ya va —le imploro mientras lo sigo—. ¿Cómo no me habías contado esto?

—Uno tiene su pasado, pues. Además, fue hace siglos. No pensé que era tan importante como para mencionarlo.

—¡Es importantísimo! Es más, tengo demasiadas preguntas. Jaime se detiene en el descanso de la escalera y voltea a mirarme como si supiera que no voy a dejar el tema quieto. Yo estoy que subo a ponerme un flux y cambiarme el nombre a Fernando del Rincón.

—A ver, ¿qué quieres saber? —me pregunta.

—Por ejemplo, si tu mamá era monja, ¿cómo naciste tú?

—Por obra y gracia divina —contesta de manera irónica.

—No vale, en serio. ¿Cuándo conoció a tu papá?

—Pues Mara lo conoció en el convento y…

—¡Dios mío! —lo interrumpo—. ¡Era el cura del pueblo!

—Deja la novela, que ya te vas a poner con tus inventos. Mi papá fue operador de la CANTV.

Entramos a la cocina y Jaime saca de la nevera el queso mozzarella, una berenjena y dos tomates grandes. Al cerrar la puerta me encuentra sentado en la mesa con los puños puestos sobre la barbilla. Se ríe, pues reconoce mi pose oficial cuando me interesa un tema. No es para menos. Enterarme de que mi suegra fue monja se compara con leer por primera vez el final de *El pájaro espino*.

—Yo necesito que me eches el cuento desde el principio —le ordeno.

Se sienta en la mesa con una tabla de madera y me entrega los tomates para que los corte. Él se pone a picar el queso mozzarella en rodajas.

—A ver, Mara nació en Medellín. A los quince años mis abuelos la mandaron a un convento en Cumaná. Allí se preparó para recibir sus votos.

—¡Ay, como *La novicia rebelde*! —le digo mientras intento rebanar el tomate. Él se da cuenta de que lo hago mal y toma otro de la mesa.

—No, no, así no se pica. Mira, agarras el cuchillo así.

Con su mano experta, hace un corte en gajos y divide la fruta en cuartos. Toma uno de ellos y comienza a trocearlo, indicándome con su barbilla que lo imite. Al verse satisfecho con lo que hago, continúa con el queso mozzarella.

—Ella siempre dijo que le encantó su vida allí. Incluso se cambió el nombre a Gregoria, para que fuera más religioso.

—Sor Gregoria, imagínate tú. ¿Cómo se llama Mara de verdad?

—María Elisa.

—Ah, claro.

Termino de picar el tomate y lo miro para que me dé su aprobación. Me entrega la berenjena.

—Córtala así en rodajas —me indica con una demostración en el aire— y ponlas en una bandeja. Y ojo, aunque le gustaba el convento, la pasó mal porque la abadesa era una fiera. Una vez mandó a las monjas a hacer votos de silencio y, como quería fastidiar a mi mamá, le metió un gusano por el cuello del hábito.

—¡Para que gritara! ¡Yo la mato!

—Tal cual. Y eso que Mara tenía una voz increíble. Cantaba en el coro.

—¿Entonces por qué se salió del convento? Yo hubiera hecho carrera como la monja que cantaba *Dominique*. ¿Cómo es que se llamaba ella?

—Esa era sor Sonrisa —contesta a la vez que condimenta las rodajas de mozzarella con sal y pimienta—. Total es que un día se daña la línea de teléfono del convento y la abadesa le pide a Mara que vaya a un locutorio y llame a la CANTV para reportarla. Por cosas de la vida, quien atiende es Luis, mi papá.

—Me encanta, aquí viene el Capitán Von Trapp —interrumpo emocionado. —Listas las berenjenas.

—Bien, déjame calentarlas.

Jaime rocía las rodajas con aceite de oliva y se levanta a llevar la bandeja al horno. Allí prende una hornilla y lanza unos piñones sobre una sartén para dejar que se tuesten.

—Ajá, ¿y qué pasó con el Capit... digo, con tu papá? —le pregunto.

—Ah, sí. Él siempre contó que se enamoró de la voz al otro lado de la línea. Y pues se le metió en la cabeza que tenía que conocer a esa mujer. Así que decidió ir él mismo al convento y arreglar el teléfono. Sácame de la nevera una salsa pesto, por favor.

Viéndome perdido, me hace una seña:

—Ahí en el estante de arriba.

—Este cuento es de premio —le digo, pasándole la salsa—. ¿Y así fue que conoció a Mara? ¡Ah, él no sabía su nombre porque en el convento ella era sor Gregoria! ¿Verdad?

—Así mismo. Llegó al convento, la vio y se enamoró en el acto. Claro, ella no le paraba ni medio...

—Bueno, obvio, porque estaba empatada con Dios. Uno no le monta cachos a Dios.

—Pero mi papá era un tipo que no se dejaba vencer y cada cierto tiempo cortaba la línea de teléfono para que tuviera que volver al convento a arreglarla.

—¡No vale!

—Así hizo durante un año. Se veían por la reja cuando él le hacía mantenimiento al cable.

51

—Me encanta.

Jaime termina de tostar los piñones y revisa el horno para ver cómo van las berenjenas. Yo sirvo dos copas de vino y brindamos por Mara.

—Salud —me dice al chocar la suya contra la mía—. Bueno, un día cortó la línea y nadie lo llamó para reportarla. Así que se fue al convento y lo recibió la abadesa, quien le dijo que sor Gregoria se había retirado y que ya no vivía ahí.

—Tragedia.

—Pues sí. Esto está casi listo. ¿Puedes poner la mesa?

Abro una de las alacenas y saco dos platos. Él comienza a armar la ensalada.

—Ajá, ¿y por qué se retiró del convento? —le pregunto.

—Resulta que mis abuelos habían llamado a Mara para pedirle que se regresara a Medellín a cuidarlos. Ella era la más chiquita de su casa y los demás se habían ido. Así que mi mamá agarró sus maletas y se fue a Colombia.

—Sin decirle nada a tu papá.

—Bueno, para ella era solo un tipo que venía a arreglar el teléfono. Y él no sé cómo hizo para averiguar la dirección de su casa en Medellín. El caso es que se montó en un autobús y fue a perseguirla.

Termina de armar la ensalada caprese y la lleva a la mesa.

—¿Estás claro de que si esto fuera una película, tu papá sería interpretado por Matthew McConaughey? —le digo al sentarnos.

—No lo creo. Él era un moreno retaco —contesta riéndose.

—Eso no lo tiene que saber Hollywood.

—Es verdad —dice mientras sirve la ensalada—. Total que llegó a casa de mis abuelos y pidió ver a Mara. Ella no podía entender qué hacía ahí. Él insistió tanto que un día le propuso matrimonio.

—Buscando el Kleenex en 3… 2…

—Mi mamá le dijo que no, pues.

—Guardando el Kleenex.

—El último día de su estadía, mi papá se presentó con un ramo de flores a la casa para despedirse de ella y le dijo que, como lo había rechazado, se iba a suicidar. ¿Te echo más salsa por encima?

—Ya va, ¿qué? —pregunto estupefacto.

—Que si quieres más pesto —contesta.

—No, no, concéntrate. ¿Cómo es eso que se iba a matar?

—Ah, sí, le dijo a Mara que él no tenía más razones para vivir si no era con ella a su lado.

—Y tú tienes las bolas de decir que yo soy fatalista —le digo con honestidad.

—Lo tuyo ya es otra cosa. Fíjate, eso funcionó porque a Mara se le ablandó el corazón y le respondió: "Yo no pudiera vivir con la culpa de que usted se mató por mi causa". Así que aceptó casarse, se fueron a Cumaná, tuvieron tres hijos y cinco años después nací yo.

Trago lo más rápido que puedo para contestarle.

—Jaime, esta tiene que ser la historia de amor más romántica del planeta.

—Bueno, tampoco tanto. Se divorciaron ocho años después.

Detengo mi bocado de un solo golpe. Lo observo comerse su ensalada de manera plácida y no puedo creer que ha lanzado esta bomba al mejor cuento de amor de todos los tiempos sin previo aviso. Yo sabía que su papá había muerto hace años, solo que creía que esta historia terminaría con un "y fueron felices para siempre", no en un tribunal. Me siento estafado. Esto es ver a Blanca Nieves montarse en el caballo con el príncipe y que los enanos le emitan una factura por el alquiler de la habitación.

—¿Cómo se te ocurre arruinarme el cuento de esa manera?—le digo molesto.

—Porque eso fue lo que pasó, pues —dice mientras toma otro bocado—. Aunque sí, debo admitir que es un cuento muy bonito.

Terminamos de comer y salimos hacia la terraza a tomar café. Desde ahí puedo escuchar a las guacamayas volar. Miro el reloj. Es muy temprano para que regresen a sus nidos. Me asomo a ver el cielo y encuentro la razón, la tarde amenaza lluvia.

—Me acabo de dar cuenta de algo —le digo para hacer conversación—. Si no se hubiera echado a perder el teléfono en el convento, tú no habrías nacido. ¿Sabías eso?

53

—Tienes razón, nunca lo había visto de esa manera —me contesta.

—Todo gracias a la hija de Don Juan Alba en el convento de La Paloma.

—En el de Cumaná.

Ambos reímos y volvemos a nuestros pensamientos. La brisa levanta y las palmeras del jardín comienzan a bailar. Es un hecho, la lluvia viene fuerte.

—Canta esa canción otra vez —le pido.

—No, ya fue suficiente —responde con una media risa—. Eso es solo para mi concierto VIP en el baño.

—Anda, vale. Es lo mínimo que puedes hacer después de arruinarme el final del cuento.

—¡Búrlate! Mira, va a llover. ¿Será que dormimos una siesta?

—Dale tú. Termino de arreglar la cocina y voy.

Lo veo subir por las escaleras hacia el cuarto y me quedo un rato más en la terraza, absorto en mis pensamientos. Debo haberme dormido, pues un ruido repentino me sorprende y me doy cuenta de que la casa se ha llenado de música. Levanto mi teléfono para escribirle a Jaime, que prendió las cornetas de la casa por accidente. De repente, sonrío al escuchar que la canción que suena dice:

"Y cuando la Luna sale, sale de noche, sale a la calle. Y escucha cantar a un hombre, cantar llorando, llorando a mares. En lo alto de la ermita ya no me espera, ya no me espera. Porque se ha metido a monja, la que más quiero, mi compañera. Porque se ha metido a monja, la que más quiero, mi compañera".

LINGOTE TOURS

Mi abuela Yiya siempre le encargó a su hija Clara los regalos que quería darles a sus nietos en Navidad. Mi tía es lo que llamaría una mata de creatividad. Un obsequio de ella rara vez viene envuelto en papel de regalo. Suele ser algo muy original, tal como pasó en las fiestas de 1990, cuando cada uno recibió un rollo de papel *toilette*.

Nuestra idea de un regalo fantástico por parte de la abuela no era que nos dieran algo que se usa para limpiarse el rabo. Quizás años después, con la escasez en Venezuela, lo hubiéramos agradecido; pero, en ese momento, no entendíamos si esto era un chiste o si Clara y Yiya nos querían enviar un mensaje subliminal. Ella reía al ver nuestras caras de confusión, hasta que mi primo Andrés pegó un grito: "¡Halen el papel que hay algo adentro!".

Así hicimos y nos dimos cuenta de que a medida que desenrollábamos el papel, salían billetes. "¡Sorpresa millonaria, cortesía del Banco Unión!", exclamó Clara. Ese año, Yiya nos quiso regalar 2 mil bolívares a cada uno, que serían unos $40 al cambio de la época. Clara fue al banco y sacó todos los billetes de 10 y 20 bolívares que pudo. Luego, fue a su casa y se sentó en el piso a comenzar a enrollar una hilera de billetes pegados unos a otros con teipe. Produjo catorce rollos, uno para cada nieto, lo cual la obligó a pasarse las Navidades con collarín por la tortícolis que le dio.

"¿Valió la pena?", le pregunté años después. "Ay, mi amor, yo me lo gocé", me respondió. "Todos ustedes eran unos niñitos y no tuvo precio verles las caras de tragedia cuando les entregué el papel". Poco sabía que ese año que tuvimos aquella conversación, también vendría otra de sus sorpresitas en confabulación con la abuela.

La única prenda de valor que tenía Yiya en su poder era una pulsera de oro, que jamás en su vida se puso. Como adornaba más la caja fuerte que su muñeca, le dijo a Clara que la sacara de allí y la vendiera para así regalarnos a los nietos lo obtenido por la venta. Ya todos éramos adultos y comenzábamos a hacer nuestras vidas independientes, por lo que cualquier dinerito extra que pudiéramos obtener siempre era bienvenido. A Clara, por supuesto, le pareció aburridísimo vender la pulsera y entregarnos el dinero. Así que se inventó otra cosa.

Acudió al joyero y le pidió que fundiera la pulsera. La noche de Navidad, cada nieto recibió un pequeño obsequio envuelto en papel celofán de color amarillo como un caramelo. Fiel a su humor negro, Clara le había dicho al joyero que creara catorce lingotes de oro y los moldeara en forma de supositorio. "Por si acaso hay que huir del país y se lo tengan que meter por el fundillo", alegó. El valor de cada uno no superaba los $1.000, pero todos aprovechamos para hacer con él lo que quisiéramos.

Yo y mis hermanos, por ejemplo, le dimos un rumbo distinto al lingote de oro de la abuela. Bibi se mandó a hacer los anillos de su matrimonio, yo lo vendí y pagué una deuda que tenía en la tarjeta de crédito y Alejandro… pues digamos que decidió usar el lingote como canje para una aventura.

Mi hermano, quien tiene seis años menos que yo, no puede estar quieto en un solo lugar. Como buen pisciano, le gusta nadar de un lado a otro en viajes que se inventa con sus amigos. Todo le parece "un programón". No importa si está montado en un crucero paradisíaco o sentado frente a una playa llena de algas, Ale siempre será el que levanta su trago y decreta que hoy "es el mejor día de mi vida".

Su indumentaria de viaje así lo comprueba. Mientras el resto de la humanidad viaja con una franela azul y bermudas caqui, Alejandro lo hace con una guayabera bordada con guacamayas de colores estridentes, porque esa es su idea de elegancia. Y que nadie se meta con su copete embadurnado de crema y fijador, "¡porque me aplastan el *pompadour*!".

Ahora que tiene un trabajo serio se puede costear su vida sibarita. Sin embargo, no siempre fue así. Hubo una época en la que quería comerse el mundo y no tenía real para hacerlo. Cosa que jamás lo detuvo, a diferencia de mí. Mientras yo pasé mis veintes perdiéndome de viajes con amigos por ser cuidadoso con mis cuentas, Alejandro siempre consiguió la manera de montarse en cuanto tren, avión o barco partiera. "La vida es un menú, Toto, y tú eres el único pendejo que insiste en estar a dieta. ¡Raspa esa tarjeta de crédito y vente!".

El lingote de oro le vino a Alejandro de película, porque se convirtió en su vale para canjearlo por viajes. Tan solo era cuestión de conseguirse a un financista complaciente. ¿La víctima? Mi papá. La única persona con tres grandes debilidades a favor de mi hermano menor:

a) le encanta un viaje, propio o ajeno;

b) cree que su hijo es la persona más divertida del planeta; y

c) es olvidadizo.

Alejandro se aprovechó de estos factores para confabular su plan maestro. Una noche, se presentó en la terraza de la casa con su supositorio de oro en la mano a plantearle un negocio a mi papá.

—Mira, papá —le dijo—, mis amigos se quieren ir en Semana Santa a Las Vegas. Yo no tengo plata en este momento para costearme el viaje, así que propongo venderte el lingote de Yiya. Me das los reales, te quedas con el lingote y después te echo los cuentos geniales de mi viaje. ¿Qué te parece?

A mi papá le pareció una idea maravillosa y recuerdo que se mostró orgulloso de que su hijo supiera hacer buenos negocios. Falló en darse cuenta de que pagó más por el valor real del supositorio dorado y Alejandro, por supuesto, logró su cometido. Fue a Las Vegas, mandó fotos vestido de guacamaya ambulante desde las fuentes del

Hotel Bellagio y cuando regresó a Caracas decretó que había sido el mejor viaje de su vida.

Seis meses después, le dio por irse a pasar las Navidades en República Dominicana. Cuál fue mi sorpresa cuando vi que, sin ningún descaro, repitió el mismo protocolo que la vez anterior. Sentó a mi papá en la terraza y le dijo:

—Papá, mira, mis amigos se quieren ir a Punta Cana. Yo no tengo real en este momento para costearme el viaje, así que te vengo a vender el lingote de Yiya. Tú me das los reales, te quedas con el lingote y después te echo los cuentos geniales del viaje.

—No lo digas, papá, no lo digas… —pensaba en mis adentros.

—¡Trato hecho! —contestó mi papá.

—¿Te das cuenta de que eres un tremendo ladrón? —le pregunté a Alejandro días después mientras lo veía empacar su maleta.

—Ay, nada que ver, lo que pasa es que tú estás picado. Yo estoy haciendo un negoción con mi papá —contestó.

—¿Dónde está el lingote?

—Atrás en la gaveta donde guarda sus medias.

—Alejandro, te estás aprovechando de mi papá.

—Él sabe, Toto. Lo que pasa es que se hace el loco.

—No, no. Pasaste a ser el dueño de una agencia de viajes llamada Lingote Tours, donde el único cliente eres tú.

—Bueno, ya. Hago este viaje y no lo vuelvo a hacer más.

—¿Tú sabes quién usa esa frase también cuando empaca maletas?

—¿Quién?

—Las mulas.

Me cerró la puerta del cuarto en la cara. Igual no lo acusé. De cualquier manera, a mi papá le hubiera parecido divertidísimo el cuento de Lingote Tours y le habría dado el dinero para el viaje. Entonces, hice una cosa más inteligente. Llamé a la tía Clara a contarle.

—¿Qué se te ocurre? —le pregunté.

—Mi amor, vayamos a fundir ese lingotico y le das esos reales a tu papá —me contestó.

—Sí, claro, es lo lógico. Sólo que quiero gastarle una broma a Ale también —le dije.

—¡Obvio que nos vamos a meter con él! Ya se me ocurrirá algo divertido.

A la semana siguiente, cuando Alejandro estaba de viaje, Clara me buscó para que fuéramos juntos a la joyería a vender el lingote de oro. "Agarra comisión antes de darle esos reales a tu papá", me comentó entre risas. Acto seguido, sacó de su cartera una bolsa de papel.

—Pon esto en la gaveta de las medias de tu papá —me dijo.

Adentro de la bolsa había lo que parecía un ladrillo dorado. Lo saqué y reí. Era un lingote de plástico que imitaba los verdaderos que guardan en las bóvedas del Banco Central.

—Clara, ¿de dónde sacaste esto? —le pregunté a la tía tremenda.

—Lo mandé a hacer con una amiga que es artista. Voltéalo, voltéalo —me contestó emocionada.

Alejandro no descubrió el lingote falso, sino meses después, cuando abrió la gaveta de mi papá porque quería irse a Cartagena en carnavales. Para ese entonces, la familia estaba enterada y a la expectativa de su reacción. Al principio se hizo el loco, después entendió la lección. "¡He sido pillado!", dijo con su característica sonrisa del gato de Cheshire. Más nunca volvió a pedir dinero y, hasta hace no mucho, usó ese lingote falso como pisapapeles para sus facturas en el escritorio de su oficina, que llevaba el siguiente grabado:

LINGOTE TOURS
SOLO VÁLIDO PARA UN PLAN "PAPI PAGA",
CON DESTINO A
PLAYA SECA, PUNTO FIJO

NIKOLE, SOS GENIAL

El comercial en la televisión muestra a una pequeña niña que sostiene a una muñeca de ojos azules. Va vestida con un traje de baño rosado y está envuelta en una toalla del mismo tono que tiene una capucha, de donde salen dos orejitas que se asemejan a las de un conejo. La niña le quita la toalla a la muñeca y le besa su cabeza con cariño. Comienza a hablar una voz adulta con perfecto acento argentino: "Nikole, hoy te voy a enseñar a nadar". Algo extraño el audio, pues la imagen muestra a una niña de unos cinco o seis años, mientras que su voz es la de una mujer adulta en éxtasis por saber si la bebé flota o se hunde.

La niña se adentra a una piscina techada con su muñeca en los brazos, al tiempo que la narradora dice: "¡Vení conmigo!". Ahí es donde ocurre el milagro que enganchará a millones de niñas pegadas a la programación publicitaria de Disney Channel. Al hacer contacto con el agua, la muñeca Nikole comienza a mover sus bracitos y piernas, y sale disparada por la piscina. "¡Qué buena nadadora que eres!", exclama la voz mientras la muñeca nada en perfecto *crawl* hacia los brazos de su orgullosa dueña. Solo le falta la medalla.

Una niña mayor saluda a la protagonista del comercial sin razón aparente y esta se lanza con su muñeca al agua, probablemente para que no se la quite. Ahí, las dos nadan por la piscina en paralelo, cuando se escucha una voz impresionada que dice: "¡Mira cómo nada!". Queda claro que Nikole es la futura promesa olímpica de la natación, al punto en que la narradora se lanza esta perla para sellar su admiración: "Nikole, ¡sos genial!". Punto para Nikole. Hay mujeres argentinas que esperan hasta su primera experiencia con un chico para que les digan lo mismo.

Hay más. "Si la secas, se ríe", explica la narradora mientras la niña se sale de la piscina y envuelve a Nikole en su toalla rosada. Por lo visto, las muñecas no son como los mocosos que, al salir del mar, la bañera o el útero, dicen: "Mami, tengo frío". Ya que la muñeca no tiene otro talento, el comercial termina con la frase: "Nikole, la muñeca que se mueve y se baña con vos". Paticos de hule, temblad. Ha llegado Nikole, cortesía de la empresa argentina importadora de juguetes Lalelu.

Cinco mil kilómetros al norte de donde se filmó el comercial, una niña llamada Ana Mercedes salta emocionada cada vez que sale al aire en televisión. "Nikole, ¡sos genial!", grita fascinada, mientras levanta los brazos como si aupara a la muñeca a nadar más. Por su corta edad, ignora que el "sos" es la manera en que los argentinos se refieren a "eres". Para ella, el "sos" va pegado al "genial", como si se tratara de un apellido y la muñeca en realidad se llamase Nikole Sosgenial.

Comprensible. La globalización ha permitido que nuestros niños se eduquen con una programación televisiva que utiliza diferentes acentos bajo la creencia de que todos en América Latina, desde La Patagonia hasta el Sawgrass Mills Mall en Miami, Florida, hablamos de la misma manera.

Esto ha hecho que los niños de hoy en día añadan palabras a su vocabulario infantil que poco tienen que ver con su léxico local. No dicen grama sino césped. Merengada no existe, le dicen malteada y, a falta de groserías, pues nada mejor que gritar: "¡Pamplinas!". Tal es la mezcla de acentos que el día en que Ana Mercedes visite el Magic Kingdom y escuche a Mickey Mouse hablar en inglés, cantará fraude. En lo que a ella respecta, Mickey tiene pasaporte mexicano-argentino.

Sin embargo, es Nikole, la nadadora argentina de plástico, quien le quita el sueño a Ana Mercedes. No habla de otra cosa sino de tenerla entre sus brazos, lo cual inquieta a sus padres, Bebella y Alberto Julio, pues la muñeca no se vende en Venezuela. Le han comprado la muñeca que hace pipí, la que gatea y la que sabe calcular impuestos. El problema está en que ninguna de ellas se parece a Nikole Sosgenial. Incluso, la carta al Niño Jesús viene con una amenaza: o Nikole Sosgenial aparece debajo del árbol de los Martínez el 25 de diciembre, o los llantos de la nena arruinarán Navidad, Año Nuevo, Día de Reyes y el Carnaval.

Aupado por Bebella, Alberto Julio decide que la mejor manera de aquietar el fanatismo es pedir la muñeca en Argentina para que la envíen a su casa en Venezuela. Así hace y la consigue a un precio en dólares que considera exorbitante. "La tenemos que comprar, Alberto Julio", le dice Bebella, cuando él intenta disuadirla. "Si no llega la Sosgenial, vas a tener que gastar más en el psicopedagogo".

La muñeca llega en su paquete rosado justo a tiempo para Navidad. Los esposos averiguaron que un amigo venía a Caracas y le pidieron el favor de traerla. "No me cabía en la maleta y tuve que facturarla como maletín de mano", les dice el amigo cuando se la entrega. "Bien bello me vi por todo el aeropuerto cargando la muñeca. Lo único que faltó fue mandarla en primera clase".

La noche del 24 de diciembre, Bebella acuesta a su hija y le dice que pida por el Niño Jesús en sus rezos. "Niño Jesús", oye a la niña decir, "dile a Santa que no se le olvide a Nikole Sosgenial, porfis, te lo pido, te lo pido, te lo pido". Bebella iba a envolver a la muñeca en papel regalo. Sin embargo, después de cerrar la puerta del cuarto de su hija, decide lo contrario. El nivel de emoción ya ronda en lo caníbal y la niña es capaz de romper el papel, la caja y la muñeca.

No se equivoca. Los alaridos a las 7:00 de la mañana en casa de los Martínez por la llegada de Nikole Sosgenial despiertan hasta al más enratonado de los vecinos. No son gritos de emoción. Con permiso de sus padres, Ana Mercedes ha corrido al baño para llenar la bañera con agua y zambullir a Nikole para verla nadar. Para su sorpresa, la muñeca flota, pero al hacer contacto con el agua no nada como prometía el comercial.

—Mierda, vino mala— dice Bebella mientras se lleva las manos a la cabeza.

—¡Mamá! —llora Ana Mercedes— ¿Qué le pasa a mi Nikole? Bebella le pega un grito a su marido para que corra al baño. "Chamo, la muñeca no sirve", le dice.

—¿Qué dices?

—Que no nada, ¡no nada, nada!

Alberto Julio se acerca y carga la muñeca para ver cómo funciona. Su hija llora a mares. "Papá ¿por qué no nada?", le pregunta. "Ya vamos a ver, hija, pero tienes que dejar de llorar", le contesta. Revisa la caja para ver si falta algo. Todo parece estar en orden, pues las baterías venían incluidas.

—¿No será que la Nikole solo funciona con agua de piscina?—le pregunta a su esposa.

—Si serás pendejo —le contesta ella.

—Qué raro.

Aunque intentan todas las opciones, nada puede hacer que la muñeca mueva sus brazos. Nikole Sosgenial solo flota hacia un lado en la bañera. Las promesas para intercambiar la muñeca son inútiles. Ana Mercedes está inconsolable. "¿Por qué el Niño Jesús me hizo esto si le recé tanto?", dice entre lágrimas.

Por la tarde las cosas no han cambiado. Ana Mercedes está sentada en un sofá. Parece como si San Nicolás le hubiera pedido el divorcio. Daniela y Gustavo, mejores amigos de la pareja, llegan de visita. Nada de lo que le dicen a la niña puede sacarla de su tristeza.

—Chamo y con lo cara que me salió la muñeca esa —le dice Alberto Julio a Gustavo mientras le sirve un trago.

—Ponle más soda que ando enratonado. ¿Nada que funciona?—le contesta su amigo.

—Nada. Solo flota.

—¿Revisaste la batería?

—Sí, igual la muñeca no hace nada.

—Tráemela que seguro tiene un cable suelto.

—Chamo, tú arreglas esa vaina y yo te doy un hijo.

—Búscame la muñeca.

En la mesa de comedor, los dos se ponen a "operar" a la Nikole. Con un destornillador abren la espalda de la muñeca y llegan al sistema operativo. Como lo predijo Gustavo, uno de los cables está suelto, lo cual se pudo deber a un error de fábrica. Ajusta el cable para lograr una mejor conexión con el sensor e inserta de nuevo la batería. Mientras tanto, Bebella y Daniela llenan el fregadero hasta el tope para hacer la prueba. Al hacer contacto con el agua, Nikole Sosgenial comienza a mover sus brazos y hace todo lo que decía el comercial.

—¡Está viva! ¡Nikole Sosgenial está viva! —grita Ana Mercedes mientras pega brincos de la emoción.

Bebella la abraza. "Vente, vamos a que te bañes en la bañera con ella", le dice. Todos van al baño y ven como Nikole hace un perfecto *crawl* en el agua. Ana Mercedes ríe de alegría con su muñeca y Alberto Julio aplaude aliviado, en señal de que se salvó de una amargada Navidad. En eso voltea y se encuentra con Gustavo, su amigo, parado en la puerta en pose sugestiva, desabrochándose los botones de su camisa. Alberto Julio lo mira confundido hasta que Gustavo le dice con sonrisa de jodedor:

—Hora de cumplir con lo que me prometiste. Dame un hijo, Sosgenial.

MISS UNIVERSO
EN EL EUROBUILDING

Desde que recibí la invitación al cumpleaños de Antonio, mi vecino, le hice saber que era un desconsiderado. Por alguna razón ilógica, decidió celebrarlo un viernes a las ocho de la noche en un lugar llamado Gavilán, que queda en las afueras de Caracas. Unos clientes de él han convertido una casa de campo que tenían sus padres en un restaurante y como necesitan la publicidad, le han ofrecido a Antonio —arquitecto de día, *influencer* de noche—hacer su bonche allí, a cambio de un par de historias en Instagram.

No estoy en contra del intercambio publicitario, sí negado a manejar más de una hora para ir al cumpleaños de una persona que, fuera de las redes sociales, vive a cinco cuadras de mi casa. Gavilán queda tan lejos que las indicaciones exactas en Google Maps son: "Suba por la carretera Baruta. Apenas grite: '¿Dónde carajos estoy metido?', gire a la izquierda".

Mientras me armo de paciencia para no buscar mi pasaporte y un tarro de café antes de salir, suena mi teléfono celular. Es Boniforti, otro amigo cercano que vive en la misma calle que yo. Como buen barinés, no le importa manejar largas distancias y me llama para ofrecerme que nos vayamos juntos, algo que me contenta. Ya estaba mentalizado que mi trayecto en solitario implicaría pasar por toda la discografía de Shakira, desde que era una cachetona pelo secado de Barranquilla hasta que se transformó en una loba que factura. Irme con Boniforti resulta mejor. Al menos, un *road trip* con karaoke.

Al montarme en su carro, refunfuño sobre lo lejos que vamos y lo insensato que es Antonio de invitarnos a un lugar inhóspito. Boniforti se ríe y me dice: "Qué exagerado eres. Oye, por cierto, ¿no te importa si antes de ir pasamos primero por una gasolinera y luego a encontrarnos con una amiga?".

Miro el reloj en el tablero del carro y le contesto: "Chamo, si hacemos eso, llegaremos a Gavilán en el próximo cumpleaños de Antonio".

—Lo sé —dice Boni mientras maneja hacia la gasolinera —. Te prometo que son diez minutos nada más. Esta es una amiga mía… bueno, en realidad, la amiga de un amigo…

—¿Entonces por qué no la visita él? —le interrumpo. No me gusta ir a conocer gente cuando me mentalicé con la idea de que debo cruzar fronteras.

—Ese es el problema —me cuenta Boniforti—. Mi amigo está en Margarita, porque su papá cumple 80 años y se lo van a celebrar con una fiesta. Se suponía que Wendy iba a asistir… Perdió el vuelo de conexión y ahora está varada hasta mañana. ¿Tú no conoces a Wendy?

—¿Sulca? —pregunto emocionado.

—Fitzwilliam —responde Boniforti.

Frunzo el ceño. Si hubiera dicho Wendy Sulca, cantante peruana infantil que le arruinó la niñez a una generación con su canción *La Tetita*, hubiera manejado yo mismo. Debo admitir que la otra no me suena ninguna campana.

—Wendy Fitzwilliam —me explica— es una mujer de Trinidad y Tobago que fue Miss Universo en los años noventa. Allí se hizo mejor amiga de este pana mío, venezolano. Desde ese entonces, son uña y curruña. Todos los años van al cumpleaños del otro y como el papá de mi amigo tiene esta fiesta, pues él la invitó a que viniera por el fin de semana. Tengo entendido que voló desde Trinidad hacia Panamá para tomar el vuelo a Caracas y, como se retrasó, perdió la conexión a Porlamar.

—Oye —contesto— y qué lástima que a las reinas de belleza no les regalen un jet, ¿no? Porque hubiera resuelto el problema.

Llegamos a la gasolinera. Mientras Boni se baja para repostar, le digo: "Yo necesito ver una foto de esta Miss Universo". Él saca su celular, busca a Wendy Fitzwilliam en Google y me lo pasa. No sé de qué año es la imagen. Veo a una mujer despampanante. Sale en traje de baño blanco, con una banda que dice Trinidad & Tobago sobre el pecho. Morena como el Caribe, con unos ojos negros en forma de gotas y dientes tan blancos que parecen las teclas de un piano Steinway. También lleva dos cayenas rojas en el pelo, peinado con una cola de caballo que le llega hasta la mitad de la espalda.

Miro el reloj del carro una vez más para comprobar la hora. Con este desvío llegaremos tardísimo al cumpleaños. Ahora, ¿cuántas veces en la vida se sienta uno a echar cuentos de vuelos perdidos con una Miss Universo? Además, olvidé comprarle un regalo a Antonio y llegar a su fiesta con este cuento y una foto que mañana será publicada en Instagram, porque uno es así de echón, me parece un regalo original.

—¿Dónde se está quedando nuestra Wendy? —le pregunto a Boni cuando termina de echar gasolina.

—En el Hotel Eurobuilding —responde.

—Bueno, sí, yo creo que podríamos pasar un ratico —le digo en un intento de parecer desinteresado.

—Magnífico —me dice—. Y menos mal que me acompañas, porque no hablo inglés.

—Ya va, ¿y cómo haces tú para ser su amigo? ¿Habla español?

—Ni papa. Ella habla y yo asiento con la cabeza. Por cierto, descifra qué quiso decir en esta nota de voz.

Boni se va a su WhatsApp y me pone el último mensaje de la Fitzwilliam. Sí, claro que puedes pasar, le dice. Que acaba de llegar del aeropuerto al Eurobuilding y que se está sentando en el restaurante con otros pasajeros varados, porque no han comido nada en todo el día. *But Boni*, termina, *please don't judge me, because right now I'm a hot mess*.

—¿Qué quiso decir ahí? —pregunta.

—Que está vuelta mierda por el viaje y que no esperes que salga con la corona puesta —le contesto de manera honesta.

Nos salimos de la autopista Francisco Fajardo y bordeamos el Centro Ciudad Comercial Tamanaco para llegar al Hotel Eurobuilding, donde nos estacionamos. Ahí me arreglo la chaqueta e intento meter la barriga porque no todos los días se conoce una reina y quiero lucir presentable. Entramos al *lobby* y vamos directo a la recepción, donde una señorita en uniforme negro nos atiende.

—Buenas noches, señores, bienvenidos al Eurobuilding. ¿Cómo puedo asistirles?

—Hola, vinimos a ver a Wendy —le contesta Boniforti con toda la seriedad del mundo.

Me quedo perplejo y pienso que esta respuesta merece un aplauso. Mi amigo es el tipo de gente que jura que con solo decir el nombre Wendy se le abren las puertas, como quien viene a visitar a Madonna, a Cher o a María Corina. Le explico a la señorita que queremos saber dónde queda el restaurante del hotel porque venimos a ver a una amiga.

—Tenemos tres. ¿Les dijo en cuál iba a estar? —nos dice.

Boni se encoge de hombros, así que le digo: "La verdad es que no, podemos entrar a los tres para encontrarla". La recepcionista nos señala unas puertas que dan a una terraza donde queda el primer restaurante y caminamos hacia allá. No vemos a Wendy por ningún lado. Entramos al segundo y tampoco está ahí, por lo que le digo a Boniforti que le escriba para que nos dé el nombre. Wendy responde que no sabe, que está sentada *"outside"*.

Decido que esto se resuelve mejor con fotos. Busco en Google la misma que me enseñó Boni en la gasolinera y se la muestro a un mesonero. "¿Ha visto usted a esta mujer?", le pregunto sintiéndome como si fuera un detective en un cuerpo de investigaciones criminalísticas. Al mesonero se le van los ojos y se ofrece él mismo a encontrar a la señorita en cuestión. Les enseña la foto a dos compañeros más a ver si la han visto. Al minuto, salimos Boniforti y yo rumbo al tercero, seguidos por quince mesoneros que se han ofrecido «con amabilidad» a ayudar en la búsqueda.

El tercer restaurante también tiene una terraza, pero Wendy tampoco está ahí. Mientras Boni le pregunta a uno de los mesoneros si hay algún otro lugar en el hotel donde pudiera estar, le digo que la tiene que llamar por FaceTime y entender bien en dónde se metió. Él marca el número y me pasa su teléfono para que hable con ella. Lo detengo con la mano.

—Boni, ¿estás loco? Wendy no tiene idea de que tú vienes con un amigo y ajá, voy a salir yo con esta nariz a mover la mano tipo desenroscando un bombillo y gritar: *"Hello Universeeeee!"*.

Eso es justo lo que sucede. Mientras doy el saludo majestuoso, aparece en la pantalla la mujer morena que había visto en la foto. Tiene cara de confundida al ver a un completo extraño en el celular de Boniforti. Yo finjo demencia y le grito:

—*Hi, Wendy!*

—*Yes...* —me dice en tono imperial, sin saber si colgar o averiguar quién soy yo y qué hago con el teléfono de su amigo.

—*I am a friend of Boni's. We are here at Eurobuilding,* pero mi reina, *I mean my queen, where are you?*

—*Well, I told Boniforti that I was outside at the terrace of Eurobuilding, but I don't see you either. I am walking towards another restaurant in the lobby.*

—¿Qué dice? —me interrumpe Boniforti. Levanto la mirada del celular y ahí me percato de que no solo debo actuar como su intérprete personal, sino también darle el reportaje completo a los mesoneros que esperan la respuesta.

—Que está aquí en la terraza, pero déjame preguntarle el nombre... *Wendy, by any chance could you find out the name of the restaurant?*

—*Yes, I think it is called Los Corales.*

Bajo el teléfono, veo a mi amigo y le digo: "Boniforti, eres un idiota. Wendy está en el Eurobuilding de La Guaira".

Quince minutos después, mi amigo y yo estamos montándonos en su carro, sintiéndonos como la cuarta y quinta finalista de un concurso de pueblo. A Wendy Fitzwilliam la despedimos explicándole que son dos hoteles en dos ciudades distintas y en dos estados diferentes. Le deseamos un buen viaje y emprendemos el nuestro hacia el cumpleaños de Antonio en Gavilán.

Hay un choque en la vía y llegamos tarde hasta para soplarle las velas. Esas son las cosas que le pasan a uno por farandulero.

NANA A LA FUGA

Desde que un aneurisma presionó las teclas "manzanita *quit*" a un importante porcentaje de su cerebro, mi papá ha vivido una vida idílica. Recuerda todo menos lo malo. Aquel viernes de enero, cuando lo encontramos metido en su Mini Cooper azul frente a Delicatesses El Rey David, a donde fue a comprar unos *éclairs* para el postre del almuerzo, estaba al borde de la muerte. Había perdido la conciencia, su contextura era verde como la de un sapo y todo indicaba que en unas pocas horas ya no tendría vida el señor que me enseñó a mis hermanos y a mí sobre el poder de los abrazos.

Pero si algo tiene mi papá es suerte. Sus tías siempre dijeron que haber nacido enmantillado le concedió el don de salir ileso de las situaciones difíciles. Para mí tiene un ángel de la guarda hecho de goma espuma. Cinco personas entraron esa tarde a la terapia intensiva de la Clínica El Ávila, a causa de un accidente cerebrovascular. El único que llegó inconsciente fue mi papá. Mientras a cuatro familias les dieron la peor noticia del mundo, a la mía —que ya había llamado al Cementerio del Este para comenzar los preparativos fúnebres porque el fatalismo siempre se nos ha dado fácil— le avisaron lo siguiente: "Juan despertó. Estamos entrando a operarlo. Pide que, por favor, le guarden su *éclair*".

Parte de mi papá murió en esa operación. Por fortuna fueron todas las cosas que jamás me gustaron de él. Su inquietante necesidad de levantarse de un concierto antes del último aplauso para salir de primero, el evadir conversaciones difíciles y su inconformidad con la tranquilidad. Gracias a mi mamá, quien de golpe pasó a ser una esposa con postgrado en enfermería y administración de finanzas, aprendí a estar en paz con este nuevo papá. Alguien que no tiene idea de si hoy es lunes o miércoles, aunque sabe que en esa esquina hay una tienda que vende la marquesa de chocolate más exquisita de todas y que esta tarde tiene una partida de canastón. Varias, mejor dicho.

Una de las cosas magníficas que le quedó es su habilidad suprema para sacar cuentas, lo cual hace que se le den bien los juegos de cartas. El grandísimo problema es que cuadra una partida con tres amigos y a los quince minutos su cabeza le dice que falta alguien, así que se anota en un juego distinto, en una casa diferente, con otros tres jugadores.

Más de una vez nos hemos visto en la puerta con dos carros afuera esperándolo para llevarlo a dos lugares diferentes, armándose un zafarrancho entre doñas que lo halan como si fuera el premio de una verbena escolar. Si algo he aprendido del maravilloso mundo del canastón es que en materia de buscarse a "la cuarta", cada quien arrima pa' su mingo.

Mi papá se ríe de estos episodios. Toca madera tres veces y dice: "Al menos todavía tengo mujeres que se pelean por mí". Mi pobre madre se desespera porque esto de tener que llevar agenda y cuadrarle programas a otra persona no suele ser tarea fácil. Sobre todo cuando en Venezuela la planificación se merma por razones de tráfico, protestas e incluso por un apagón.

Vivir con mi papá durante aquellos oscuros días de 2019, cuando ocurrió el apagón más grande de la historia del país, fue un ejercicio de paciencia y crecimiento. Es fácil tratar a una persona que todos los días de su vida protagoniza esa película de Drew Barrymore llamada *50 primeras citas*, siempre que cuentes con electricidad, Internet y agua en las duchas. Cuando la luz no llega, la nevera huele a podrido y encima no hay ni una gota para bañarse, la situación resulta tétrica.

La siguiente fue una conversación de una típica noche entre mis padres durante esos días:

—Juan, ¡no vuelvas a abrir la nevera!

—Mari, me quiero servir un *whisky* y no tengo hielo.

—¡No hay agua desde hace tres días! ¡Por favor, entiende!

—Ah, verdad que no ha llegado la luz.

Nada fácil.

Fue en ese mes, con dos apagones masivos en cuestión de semanas, que entre mi mamá y yo decidimos que era mejor enviar a mi papá un tiempo a Panamá para que estuviese con sus hermanos y mi abuela, que viven allá. Eso le daría a él tranquilidad y a mi madre un respirito mientras la situación eléctrica en Venezuela se normalizaba. Al cabo de dos semanas, ella viajaría con la intención de tomar unas vacaciones y luego se regresarían juntos.

Las complicaciones de mandarlo solo no existirían. Iruña, una de las mejores amigas de mi mamá, también iba para Panamá y se había ofrecido a ser su acompañante durante el trayecto hasta que lo recibieran mis tíos en el Aeropuerto de Tucumen.

—¿Has visto, Toto? —decía papá riéndose—. Toda una vida viajando solo y a mis setenta años me vienen a contratar a la Nanny Fine.

Él habrá podido olvidar muchas cosas, excepto encontrarle el humor a todo tipo de situaciones.

Llegó el día de su viaje y, mientras le montaba su maleta en la parte trasera del taxi, mi mamá se despedía de él con un beso en la frente. Luego, le entregó un sobre de manila a Iruña con las instrucciones que ella consideraba necesarias para realizar con éxito un vuelo de dos horas.

—Aquí está su boleto y su pasaporte, Iru —le dijo—. Su visa americana la pueden encontrar en la página seis. Él ya se tomó sus medicinas esta mañana, pero, por si acaso, te anoté todo en un papelito. Lo estoy metiendo en la bolsita Ziplock que dice "Medicinas". Cuando aterricen en Panamá, lo debe ir a buscar Clara, su hermana…

—Mari, ya —interrumpió mi papá cuando lo ayudaba a amarrar su cinturón de seguridad, cosa que jamás ha podido hacer solo, por flojera o por el tamaño de su barriga—. Tampoco voy a Singapur.

Iruña tomó el sobre y lo metió en su cartera. "Tranquila, yo me encargo. Relájate que todo va a salir perfecto", le dijo.

—Iruña, no pierdas de vista a Juan.

—Marisela, eso no va a pasar —le contestó su amiga.

Mi mamá insistió.

—Creo que no me entiendes. Este señor en el momento menos pensado decide que quiere salir afuera a fumarse un cigarro y se pierde. ¡No lo vayas a dejar solo!

—Ay, Mari, ¡por favor! —volvió a interceder mi papá—. ¡Ni que fuera la primera vez que me voy de viaje!

—Juan, le haces caso a Iruña.

—¿A dónde es que voy yo?

—¡JUAN!

Mi papá soltó una carcajada. "*Only teasing!*", le dijo. "Chao, Marita. *See you in two weeks*".

Cerré la puerta del carro y mi mamá se acercó al vidrio del copiloto. Iruña bajó la ventana.

—Iruña…

—Te prometo que te llamo para decirte cómo vamos. Un beso. ¡Adiós, Toto!

El taxi arrancó y mamá y yo nos metimos en la casa. "Todo va a estar bien", le dije con voz calmada mientras cerraba la puerta. Ella llevó sus manos a la cara y se estrujó los ojos. En ese momento me acerqué para abrazarla. Finalmente, después de semanas de angustia con la situación nacional y el agobio en el hogar, respiró aliviada.

Una hora y media después estábamos los dos en la cocina preparando un pollo a la mostaza para el almuerzo cuando entró un mensaje de mi papá en el chat familiar que decía:

PAPÁ: *Hello!!* Todo perfecto con el *check-in*. Me dieron mi asiento favorito: el 1-A. Ya estoy en la puerta.

Le leí el mensaje a mi mamá, quien se tranquilizó al recibir la noticia. Hasta que vi que el chat decía: "Papá escribiendo". Esperé a que entrara el nuevo mensaje y lo leí en voz alta:

PAPÁ: Lo único es que pasó algo comiquísimo. ¡A la Nanny Iruña la arrestaron!

Mi mamá volteó de manera repentina, llevándose el mango de la sartén donde se cocinaba el pollo con el brazo.

—¿Cómo es la cosa? —gritó.

Llamé a mi papá por FaceTime. Un mensaje así no se resuelve por texto. Repicó tres veces hasta que salió su cara en la pantalla.

—*Hellooooooo!*

—¿Qué pasó con Iruña? —le dije en tono serio.

—No entendí muy bien —me respondió—, algo así como que no tenía pasaje de regreso o su visa… Y ha parado un rollo en el *counter* de inmigración, que se enteró todo el aeropuerto. Así que unos guardias le pidieron que la acompañaran a una oficina.

—Juan —interrumpió mi mamá—, ¿por qué no te fuiste con ella?

—Porque me dijo que la esperara ahí. Y ay, yo decidí meterme a ver los aviones… ¡Bueno, ya aparecerá! Mira, aquí llegó el mío, déjame ver cómo es que se voltea esta cámara para que lo vean. Me estoy quedando sin pila…, *bye, bye!*

La pantalla del teléfono se fue a negro. Mamá y yo nos vimos las caras. Todo lo que habíamos temido sobre el viaje acababa de ocurrir. Marqué el número de Iruña para saber dónde estaba, no atendía. Intenté varias veces. El resultado siempre era el mismo.

—Toto, móntate en el carro que nos tenemos que ir para Maiquetía —dijo mi mamá agarrando su cartera.

—Ya va —le contesté—. Vamos a ver a quién podemos llamar de la aerolínea para que se aseguren de encontrar a mi papá, porque nada hacemos con bajar en este momento si el señor ya pasó por inmigración.

Llamé al número de la aerolínea en el aeropuerto; sin embargo, no me podían dar más información sobre el paradero de la "nana prófuga". Mucho menos de mi papá. Me dijeron que iban a intentar llamarlo por el altoparlante para que se acercase a algún *counter* de atención al pasajero. Mi mamá estaba hecha un manojo de nervios temiendo lo peor, mientras que yo pensaba que esta era la premisa perfecta para una futura secuela de *Home Alone: perdimos al abuelo*.

Al no recibir más comunicación de la aerolínea, decidimos irnos al aeropuerto y en eso entró una llamada de Iruña. Su voz excitada denotaba que venía corriendo.

—Ya en la puerta del avión a punto de embarcar —nos informó—. Todo un malentendido con la prórroga de mi pasaporte que, gracias a Dios, se pudo solucionar a tiempo. La Guardia Nacional decía que no aparecía en el sistema, ¿ustedes han visto?

—Iruña —la interrumpí—, ¿dónde está mi papá?

—Tranquilos, voy caminando hacia él... Juan, aquí estoy.... Sí, sí, aquí estoy hablando con tu familia...

—Iruña... Iruña... —dije, mientras la escuchaba hablar con alguien que asumía era mi papá. A su vez, mamá revoloteaba su dedo índice para que le diera más información. Le subí el pulgar en señal de que ya el encuentro de prófugos había ocurrido con éxito hasta que escuché a Iruña decir:

"Sí, Juan, los tengo en línea. ¿Qué quieres que les diga?". Ahí, a lo lejos, oí la voz de mi papá, quien en tono burlón respondió:

—Que quien necesita una Nanny para el próximo viaje eres tú, no yo.

EL JABALÍ

Pierre vivía en un pueblo francés ubicado en el medio de la nada. Uno de esos lugares tranquilos donde lo más emocionante que sucede es el campanazo de la iglesia que anuncia la misa. Aquel hombre había soñado toda su vida con comprarse un carro Peugeot. Ahorró lo que pudo de su sueldo y un día las cuentas le dieron. Se fue a la ciudad en busca de un concesionario y escogió el modelo 308, en color azul, sincrónico. Feliz de cumplir su sueño, regresó a casa para mostrárselo a sus dos hijos.

Robert, el mayor, no podía dejar de admirar el carro. A sus diecinueve años deliraba por manejarlo. Una noche, entró a la sala de la casa donde su papá leía una revista y le dijo: "Mañana en la tarde hay un concierto en Chantilly. Albert y yo queremos ir. ¿Crees que nos podamos ir en el Peugeot?".

Su papá se echó a reír. "Si no te presto mi carro para que vayas a la farmacia, ¿cómo crees que te voy a dejar que lo manejes a un lugar que queda a hora y media de acá?", le contestó.

—Papá, no nos va a pasar nada. Te lo prometo —protestó el muchacho.

—A mí no me preocupa tanto lo que les ocurra ustedes; me importa lo que le suceda a mi Peugeot —contestó Pierre de manera honesta.

Robert siguió con su súplica.

—Te juro que lo voy a manejar lento y lo voy a cuidar como si fuera mío.

—No. Seguro vas a beber en ese concierto, me vas a chocar el carro y yo me voy a colgar de la rabia.

—Papá —dijo Robert besándose el pulgar de la mano—, te prometo que no voy a tomar. Además, que voy con Albert.

—Claro, porque tu hermano es el director nacional de tránsito.

—Papá, por favor… préstanos el carro.

—No te lo voy a prestar y punto. Fin de la conversación.

A la tarde siguiente, los hijos de Pierre habían agotado su paciencia y a regañadientes les entregó las llaves del carro. "Ni un rayón quiero ver cuando regresen", dijo mientras pulía el capot con la manga de su suéter.

—Prometido por todas las vírgenes que te lo devolveremos intacto —contestó Robert.

—Bien, manejen con cuidado.

Pierre se despidió de sus hijos, vio el carro salir de la cochera hacia la calle y perderse en la distancia. Respiró profundo y entró a su casa.

Robert y Albert gozaron en el concierto y fieles a la promesa que le hicieron a su padre, no tomaron ni una gota de alcohol. Ya de regreso, manejaban el Peugeot por la carretera a 80 km/h, cantando las canciones que habían escuchado en vivo, cuando de repente Robert vio algo extraño parado en la mitad de la oscura carretera. Giró el volante y trató de esquivarlo, pero ni el frenazo que pegó pudo prevenir el accidente. El carro impactó contra algo que sonó como si hubieran chocado con un muro de piedras.

El silencio de los hermanos era lúgubre. Se bajaron y corrieron hacia la parte delantera cuando, para su horror, vieron que los faros iluminaban a un capot que echaba humo, un parachoques hundido y junto a él, tirado en la calle, un enorme animal de unos cuarenta kilos que parecía a todas luces un jabalí.

—¡Papá nos va a asesinar! —gritó Robert.

Desesperados, comenzaron a lanzar ideas para ver qué podían hacer hasta que concluyeron que la mejor decisión era montar al jabalí muerto en el asiento trasero del carro. Si los iban a regañar, por lo menos traían consigo la prueba del delito y así, supusieron, el castigo sería menor.

Con gran esfuerzo, cargaron al animal y lo metieron en el carro como pudieron. Robert manejó lento y en silencio durante diez minutos, cuando de repente los hermanos comenzaron a sentir ruidos desde la parte trasera.

—Mierda —dijo Albert al voltear a ver qué ocurría—, ¡el animal no está muerto!

Sí, el jabalí no había fallecido, solo sufrió un desmayo. Como se vio atrapado en un sitio desconocido, comenzó a pegar patadas. Los hermanos se bajaron asustados y cerraron las puertas mientras el animal continuaba causando estragos adentro. Por suerte, una patrulla policial que custodiaba la zona pasaba en ese momento y se bajaron dos agentes para saber lo que ocurría. El animal furibundo seguía metido en el carro, dándole mordiscos a los asientos. Con cada patada que daba, destrozaba más las puertas.

Los dos policías se consultaron entre ellos y decidieron que la mejor idea era sacar sus pistolas y caerle a tiros al vehículo. El jabalí murió al quinto disparo. Los dos hermanos vieron el Peugeot de su papá chocado, ensangrentado y tiroteado. Pérdida total lo llaman los agentes de seguros. Muerte temprana, le dicen los adolescentes.

Los dos respiraron profundo, se persignaron y Robert sacó el celular de su pantalón. Marcó el número y dijo:

—Aló, papá…

EL DESAYUNO MÁS CARO DEL PLANETA

En un mundo donde estamos a un malentendido de la aniquilación nuclear, nos llegan noticias desde Australia sobre un impasse que debemos tomar como una ofensa imperdonable. Un pasajero a bordo de un vuelo desde Bali, Indonesia, hasta Sídney, recibe una multa de $1.874 por traer en su equipaje dos Egg McMuffin, de McDonald's. Uno de ellos medio mordido, porque al hombre le dio un ataque de hambre en el trayecto.

Al parecer, hay un brote de fiebre aftosa en Indonesia y las autoridades australianas han impuesto medidas severas para prevenir la transmisión de la enfermedad. Todos los pasajeros deben declarar los alimentos que ingresan al país, incluidos los mordisqueados.

A ver, nunca falta quien trae una lechosa, una trucha o una semilla de palmera, porque hay gente intensa que siempre quiere ver si una mata en particular se da en el jardín de su casa. Eso se debe declarar sí o sí. ¿Pero un McMuffin? ¿Un pan que contiene una salchicha cuestionable envuelta en queso americano y un huevo pasado de horno? Australia, bájale dos. A ese pobre señor le salió más cara la multa que el pasaje. Lo único que debería declarar es indigestión.

Una noticia así me preocupa, porque le agrega más complicaciones a la hora de viajar. ¿Recuerdas cuando volar era un placer? Yo tampoco. Hoy en día, hasta un simple escape de fin de semana comienza con una aventura tipo ninja por un aeropuerto, donde debes demostrar repetidas veces que tú eres quien dices ser (léase: no terrorista), contar con un posgrado en empaque de líquidos y, en el caso de Australia, estar *gluten free*. Ahora que lo pienso, ese país debería cambiar su eslogan turístico de "Esto no es tan lejos" a "Vénganse comidos".

Mi problema con esta multa es que Australia se haría millonaria si a Sídney llegase un vuelo desde Caracas. Todo venezolano que viaja tiene algún miembro de su familia que siempre mete algo de comida en su maleta, "porque uno nunca sabe". Capaz el vuelo se retrasa o la aerolínea no ofrece servicio a bordo. Incluso, el avión se puede caer sobre una isla desierta y "¿tú crees que el flojo de Heriberto, mi marido, se va a subir por una mata para bajar un coco? No, mi amor, yo me llevo mi viandita".

No importa el destino. Eso siempre es así en todas las familias. Y si lees esto y piensas: "Ay, la mía no", es porque no has vacacionado con tu suegra. Venezolano que se respete no sale de viaje sin mínimo una galleta de soda en el morral y no se regresa sin un pote de picante artesanal envuelto en una bolsa plástica. Si alguna aduana aeroportuaria en el mundo necesita levantar fondos con multas por ingreso de alimentos, solo tiene que esperar a un vuelo venezolano con los brazos abiertos.

Claro, si llegan a sancionarnos. Porque la mayor virtud de una persona que trae comida es la labia. Qué se puede imaginar, por ejemplo, un oficial de aduana estadounidense esta mañana cuando se desayuna su Egg McMuffin (¿viste Australia?) que en la tarde va a tener que lidiar con una venezolana contándole el contenido de su maleta, mientras le dice: "No, señor agente, esto no es un tamal. Un tamal es otra cosa. Esto es una hallaca".

—*An a whatta?*

—Hallaca, mi rey, ha-lla-ca. Se las llevo a mi hija Sandra y a mis tres nietos que viven en Missouri. Esto es un plato típico que hago yo con harina de maíz, onoto y caldo de gallina. Viene rellena con aceitunas, pimentón, carne de res... bueno, no, esa que tiene en la mano no lleva carne... yo le puse caraotas, porque la hija mía es una cosa como vegana o vegetariana, algo así me explicó… Ay, yo ya no sé. Una de esas costumbres que ha debido agarrar por estos lares, porque en mi casa esa niña comía como una troglodita.

De seguro, ese oficial respire hondo y anhele estar de regreso en su hora del desayuno, sin tener que lidiar con cuentos chinos. ¿Quién sanciona a alguien que tiene todo el tiempo del mundo para explicarle a un desconocido no solo los hábitos alimenticios de su familia, sino también el contenido preciso de la receta de hallacas del *Libro rojo*, de Armando Scannone?

—*Wait a minute… Who is Armando?*

—Ay, mi príncipe, *he is a beri beri famous…*

—*Whatever. Go right ahead.*

Y esas son las más decentes que meten su comida en la maleta, debajo de un suéter negro, "porque así no lo ven los rayos X". Hay otras más descaradas. Una Navidad, mi mamá decidió que la mejor manera de transportar sus hallacas en un vuelo de Caracas hacia Santo Domingo, República Dominicana, era metiéndolas congeladas en una bolsa térmica y rellenar una piñata. En forma de Elsa, la princesa de *Frozen*, para más ñapa.

Porque no hay terrorismo como lo hace mi madre, la señora Mari.

Mi hermana vive en República Dominicana y, por alguna razón del destino, dio a luz a sus dos hijos en la misma semana de Navidad. En años distintos, por supuesto. Tampoco así que de una vez como los *101 Dálmatas*. Este festival de acontecimientos ha probado ser fantástico para nosotros, porque podemos lanzarnos un 2x1 de intensidad familiar y después nadie se tiene que sentir culpable de no verse el resto del año.

Como toda niña de su edad, Lucía, mi sobrina mayor, se volvió loca por la película *Frozen* y pidió que la temática de su cumpleaños fuese de las aventuras congeladas de la princesa Elsa. Eso nos solucionó a todos su regalo. Un morral en forma de Olaf, una camisa con el trineo de Sven y una muñeca de Anna. Obsequios temáticos, prácticos y, sobre todo, amistosos con el peso de nuestras maletas.

Aquí entra la señora Mari.

Por alguna razón, ella decidió que en Santo Domingo no fabricaban piñatas. No importa las veces que le explicamos que los niños dominicanos, como cualquier infante latino, también sentían placer en violentar la réplica de un animal extravagante con un palo forrado en papel crepé. Ella insistía en su punto.

—¿Y si llegamos y no tienen la que tengo en mente? —preguntaba en la cocina, mientras amarraba las hallacas que quería llevar.

—Mamá, créeme —le explicaba—, Disney está en todas partes. Hasta la hija de Kim Jong Un la conseguiría.

Ningún argumento la logró convencer. El día antes del viaje llegó a la casa con una piñata de la princesa Elsa mandada a hacer en una piñatería en Caracas, según sus especificaciones

—¿Y cómo pretendes transportar eso? —le preguntó mi papá, con cierta preocupación.

—Pues, muy fácil, la llevo en la mano. ¡Además, me sirve perfecto como maleta para las hallacas!

¡Oh, no!

Tras la debacle de los 400 mazapanes de Mechita Baldó metidos en una caja de pizza que una vez me obligó a transportar al matrimonio de mis primas en Panamá, aprendí que con mi mamá no se discute ni el peso de una maleta ni los enseres guardados en ella. Sólo respiré y le dije: "Esta vez te encargas tú de declarar lo que llevas".

—Si no hay nada que explicar —contestó—. La piñata de la cumpleañera y las hallacas del 24 de diciembre. ¿Acaso los funcionarios de aduana no celebran la Navidad?

Punto para la señora Mari.

Razón tenía. El día del viaje llegó al Aeropuerto de las Américas en Santo Domingo con su cartera Longchamp en una mano y 24 hallacas metidas en la barriga de Elsa en la otra. Mareó a los agentes de aduana con fotos de su nieta, contó la travesía de conseguir su piñata soñada y echó el cuento de su receta de hallacas tres veces. Una digna abuelita que trafica cariño.

—Lo que pasa es que tú no confías en mis habilidades —me dice en el taxi.

—Mamá, trataste a Elsa como una mula.

—Viajó mejor que una reina. ¿No la ves ahí sonriendo? Tú te estresas demasiado. Por eso te quedaste calvo.

Contra eso no se pelea. Gracias a ella, mi sobrina partió su piñata de princesa, le cantamos cumpleaños y celebramos la Navidad con hallacas fabricadas en Venezuela. Sin pensar que al otro extremo del planeta, un señor sin la labia de mi madre se montaría en un vuelo con dos Egg McMuffin que le arruinarían el día.

EL BAILE DE
LOS ESQUELETOS

—¡Papi! *Psst…* Paaapi…

Fernando no puede creer que esto le pase otra vez. Ya van tres noches seguidas que su hija Carolina lo despierta con el mismo cuento.

—¡Papi! *Psst…* Paaapi…

El sábado la llevó al cine a ver el reestreno de *Mary Poppins*, una película que él había disfrutado mucho de pequeño y que pensó que a su hija le gustaría. Antes de la función, pasaron un corto animado viejísimo, llamado *El baile de los esqueletos*. Duraba seis minutos y tres fueron suficientes como para que su hija empezara a llorar por culpa de los huesos bailarines. La tuvo que sacar de la sala. Aunque Carolina le tiene pánico a los fantasmas y a las brujas, más le tiene a los esqueletos. Desde entonces, no ha dormido.

—¡Papi!

Fernando lanza un falso ronquido para hacerle creer que no la escucha. Mañana tiene una reunión a primera hora y ella no va a ser más fuerte que él. Luego, siente que una mano pequeña le agarra la camisa de su pijama y la comienza a halar. Él se rinde y entreabre su ojo derecho.

—Papi, ¿estás despierto? —le susurra su hija pequeña.

Ahí se da cuenta de que llevarla al cine fue la peor decisión del planeta. Su esposa Mari, quien duerme a su lado, se voltea en la cama y le dice: "Tú la llevaste, tú te encargas". Fernando respira hondo. Esto de ser padre no tiene horario laboral y menos un sindicato para ponerse en huelga.

—*Mmm*, dime Carito —le dice con un bostezo.

—¿Tú crees que esta noche pueda dormir contigo otra vez? Es que ya llegaron.

Fernando conoce la respuesta, aunque decide seguirle el juego.

—¿Quiénes? —le pregunta de manera curiosa.

—Ay, papi, los esqueletos.

Fernando estira su brazo y enciende la lámpara de su mesa de noche. Se pone sus lentes y ve a su hija de cinco años parada en frente de su cama. Nota la maraña de pelo que le tapa la cara y su pijama rosado que le llega hasta los pies. Parece la versión navideña de Orko, el ayudante de He-Man.

Mientras ella intenta no llorar, Fernando se quita la cobija y se sienta derecho en su cama. Su hija se sube con dificultad y se acurruca a su lado, enterrándole la cara en su barriga.

—A ver, Caro. ¿Cuántos esqueletos son esta vez? —le pregunta su papá.

—Me dio miedo contarlos. ¡Son millones! —contesta.

—¿Y siguen debajo de tu cama?

—Sí —dice la niña entre sollozos—. Están bailando ahí abajo. Yo siento cómo se mueven y me dan un miedo horrible.

En ese momento, Fernando piensa que se ha debido trancar en su cuarto con llave. Igual, la monta sobre sus piernas y comienza a acariciar su cabeza. Pobrecita, está muerta de miedo. Como todas las noches, le explica que los esqueletos que vio en la película no son de verdad. Ella no da su brazo a torcer.

—Te lo prometo, Carito, que no hay ni un solo esqueleto debajo de tu cama —le dice para consolarla.

—¡Yo los vi!

—Ven, vamos a tu cuarto a revisar.

—¡No!

Fernando se molesta. En ese momento, detesta al operador del cine. ¿Qué le costaba irse directo a *Mary Poppins*? Una película donde el señor Banks jamás fue despertado por sus hijos, porque para eso les había contratado una niñera.

—Carolina, ya te he dicho que no podemos seguir así —la regaña—. Era solo una película y ese miedo que sientes está en tu cabeza. Vamos a tu cuarto que yo mismo te voy a enseñar que no hay nada debajo de la cama, excepto tus juguetes.

La niña estalla en llanto.

—No, por favor, papá. Te lo pido, déjame dormir contigo. Hasta que se vayan. Te lo prometo.

Fernando suspira y mira a la cama donde su esposa ronca sin siquiera molestarse en intervenir. Es más fácil dejar que duerma con ellos y se acabó el problema. Luego se arrepiente, porque sabe que su mujer lo va a regañar. Tarde o temprano tiene que aprender a dormir sola.

Se levanta con la niña en sus brazos y la pone sobre el piso para caminar hacia su cuarto. Carolina aprieta su mano y se deja guiar, como si Fernando fuera Shaggy y ella Scooby Doo. Entran y él la lleva hacia la camita deshecha donde procede a agacharse. Levanta el faldón de la cama y mete la cabeza. Lo único que observa es polvo.

—¿Ves, Carito? —le dice, mientras se sacude las manos—. Como lo sospechaba, no hay ni un solo esqueleto.

—Papi, pero yo los vi, se movían y todo. Me decían que iban a dormir conmigo —dice Carolina con voz temblorosa.

Fernando se arrodilla ante ella, mira hacia arriba en un intento de buscar una explicación celestial y le contesta: "Yo te juro, Caro, que no hay. Además, quiero que sepas que los esqueletos no son malos, porque son necesarios para nuestros cuerpos". Acto seguido, le toca el esternón con su dedo índice y le dice:

—Imagínate, Caro, tú tienes un esqueleto aquí adentro.

—¡¿QUÉÉÉÉ?!

Esa noche, Fernando se acuesta en el medio de su propia cama. Con su hija a la derecha y su esposa a la izquierda. "Tú la asustaste, tú le das tu lado", le dijo antes de volver a quedarse dormida. Ahora quien no puede conciliar el sueño es él.

La tarea de explicarle a su hija que sus miedos son producto de la imaginación se desvanece de inmediato cuando decide darle una clase de anatomía y revelarle que su mayor miedo no vive debajo de su cama, sino dentro de ella. Mientras oye el respiro tranquilo de su hija dormida, se remonta al cine y piensa:

—¿Qué te costaba Mary Poppins? ¿Por qué no pudiste salir de primera?

DOS ABUELAS
MONTADAS EN UBER

El plan B de mi abuela Yiya al quedarse viuda siempre me pareció fantástico. Al ver que más aerolíneas dejaban de volar hacia Venezuela, hizo sus maletas, se mudó a Panamá y utilizó el aeropuerto de Tocumen como base para visitar a su familia regada por el mundo. Cada llegada a casa de alguno de nosotros venía con una alerta previa: "Yo no quiero molestar".

Su clara intención de "no querer molestar" la llevó a utilizar Uber por primera vez. Estaba en los Estados Unidos y había quedado en almorzar con el tío Nano, uno de sus hijos, que vive en Brickell. Como no tenía quién la llevara desde Weston, decidió bajarse la aplicación y pedir un taxi. Total, sus nietos lo hacían todo el tiempo. ¿Qué tan difícil podía ser?

Para su sorpresa, funcionó. A los pocos minutos la vino a buscar una señora, también entrada en años, que –por supuesto– era venezolana. En el carro, las dos comenzaron a hablar de manera animada sobre su vida. Yiya se enteró de que la mujer solo tenía un par de meses en los Estados Unidos. Vivía con su hijo y recién había tomado la decisión de estrenarse como conductora para ayudar a cubrir los gastos del hogar. De hecho, le contó que esta era una de sus primeras carreras.

Diez minutos después de comenzar el trayecto, la señora le pidió a mi abuela que le confirmara la dirección, porque no la encontraba con el GPS. Yiya revisó la que tenía anotada en un papel. Era la misma que le había dado antes. Ahí fue cuando la mujer le confesó que aún no dominaba el sistema de navegación de mapas.

Siempre samaritana, Yiya se ofreció a ayudar de la única manera que podía. Agarró su teléfono celular y escribió en el chat familiar lo siguiente: "Hola, mi taxista y yo estamos perdidas. No sabemos qué hacer".

De inmediato, el chat "Familión", compuesto por veintisiete miembros unidos por la sangre gracias a Yiya, saltó en consternación.

—Lo primero que necesitamos saber es dónde estás en este momento —comentó el ecuánime del tío Nano.

—Estamos paradas en una esquina —respondió la abuela.

—Ajá —escribió Bibi, mi hermana, desde Santo Domingo —¿en cuál de todas?

Yiya tardó un tiempo en responder hasta que escribió:

—La conductora no me sabe decir. Veo casas...

—Mamá, ¡bájate del taxi! —puso mi papá desde su terraza en Caracas.

—No puedo, me da pena dejar sola a la señora.

—Mami —escribió Jorge en Londres. —Todos esos carros tienen GPS. ¿Por qué no pones la dirección ahí?

—Porque ella no sabe usarlo y me dice que su hijo es el único que le explica cómo se hace. Está nerviosa, porque no quiere que la vuelva a regañar.

El tío Nano intervino con la decisión más racional.

—Dile que marque el teléfono de su hijo y hacemos una videollamada contigo.

Así fue que la gente de un chat regado por el mundo conversó en altavoz con un hombre extraño para averiguar el punto exacto del estado de la Florida en el que se encontraban las dos doñas perdidas. Con imagen satelital en vivo y en directo, cada quien daba instrucciones, reportaba sobre condiciones de tráfico y calmaba los nervios.

De haber grabado esa conversación, se habría oído algo como: "Giren a la derecha en esta salida, crucen hacia la izquierda... no, a la derecha no. A la izquierda. Sigan recto… Dale sin miedo, mamá, que la autopista es rápida. Señora, tranquilícense… Ya va, Yiya, ya te vamos a conseguir un baño para que hagas pipí… Ok, sálganse ahí… No, no pueden pasar primero por un *sundae* de McDonald's…. Gira, mamá, gira… ¿Cómo que te pelaste la salida? Den una vuelta en U".

Cuarenta y cinco minutos después, la matriarca de mi familia llegaba sana y salva a casa del tío Nano.

—¡*Habemus* Yiya! —gritamos aliviados. Agradecimos a la conductora, cuyo hijo le había dado órdenes explícitas de estacionarse y esperar a que él la fuera a buscar. La misión internacional "Llevemos a la abuela a almorzar" se había completado con éxito.

—Gracias, mis queridos. ¡Quedé agotada! —exclamó Yiya aliviada—. Y pensar que mañana me voy a México a visitar a Clarita. Solo espero que el piloto sepa dónde queda la cosa.

LA CONVIVENCIA
ES UN HORROR

Mi amigo Raúl se acaba de mudar con Chana, su novia, a un apartamento en Campo Alegre. Esta tarde me ha invitado a conocer su nueva casa y aprovecho la ocasión para meterme con él. Aunque no soy muy religioso, uno de mis mayores placeres es inventarles pecados a mis amigos y ver cómo se ponen nerviosos. En este caso, le echo broma por compartir cama y nevera con Chana sin haber contraído matrimonio.

—Ella viene de Barquisimeto —le comento sentado en su cocina—. No conoce a nadie en Caracas y sales tú de buenas a primera a corromper a esa inocente mujer. ¡Van a vivir en pecado!

—¿Y de cuándo acá eres el Papa? —me pregunta al pasarme otro *whisky*.

—Imagínate a sus padres que la vieron mudarse a la capital a buscar un trabajo honesto. ¿Y qué se consiguió? Un hombre, Raúl. ¡Y encima divorciado! Eso es pecado.

Él voltea los ojos.

—Si serás gafo. Además, si vamos a hablar de transgresiones en esta casa, la mayor pecadora es ella. ¿Te acuerdas del cuento que te echó cuando la conociste?

Claro que lo recuerdo. A mí me encanta Chana porque parece un 747. En mi opinión, lo mejor que ha salido del estado Lara después de los pepitos. Su humor es negro como el mío, siempre tiene algo cómico que decir y ambos compartimos el hobby de fastidiar a Raúl. La conocí una noche en el restaurante donde él trabaja como chef. Venía un poco aturdida tras visitar a la mamá de una buena amiga que murió hace años.

—No sé qué me pasó —me contaba diez minutos después de conocerla —. Debe ser que estoy colapsada de trabajo o que no quedé bien del COVID. Todos los años, en el cumpleaños de mi amiga, le llevo una torta a su mamá. Es mi manera de rendirle tributo y siempre la pasamos genial. Esta vez fue diferente. Yo me presenté con mi bella torta en mano y esa mujer me veía rarísimo. Al principio pensé que quizás no le gustaba la *red velvet*, después me di cuenta de que tenía que pasarle algo más. Hablé como una lora y nada parecía contentarla. Luego, en el carro, me cayó la locha. Me había equivocado de fecha.

—¿Hoy no era el cumpleaños de tu amiga? —le pregunto.

—No —responde—. Hoy es el aniversario de su muerte.

Ha sido mi persona favorita desde ese día.

—Recuerdo bien ese cuento y te doy la razón —le digo a Raúl al regresar de mis pensamientos—. Podrán vivir en pecado, pero ella va primero al infierno.

—Sin duda.

En ese preciso momento, se abre la puerta del apartamento. Chana ha llegado del trabajo.

—Hablando de Endora —murmura Raúl.

—Hola, hola, mis amores —nos saluda al entrar a la cocina—. Paso por aquí para contarles que ha llegado *the one and only Miss Chana*, su *influencer* de confianza. Hoy en su nueva pieza en Campo Alegre, *also known as Happy Field*, mañana desde cualquier lugar del mundo. ¿A ver cuántos corazones para Chana en este *live*?

Levanto mi trago para brindar por su llegada.

—Ábranle una rueda a Chana

—Hola, mi querido.

Me da un beso en la mejilla y se sienta junto a su novio. Los dos se dan un pico de cariño.

—¿De qué hablan? —pregunta para unirse a la conversación.

—Estaba por contarle a Toto lo que pasó anoche en la madrugada, mi vida. Ya que estás aquí, ¿por qué no se lo cuentas tú? —le dice Raúl.

Chana aprieta los labios. Noto que no quiere hablar del asunto.

—Ay, mi amor, déjalo ir —le contesta—. Recordemos las palabras de ese gran filósofo conocido como Daddy Yankee: "Lo que pasó, pasó entre tú y yo".

—No, Toto merece saber lo que hiciste. El mundo debe enterarse.

—¿Qué le hiciste a mi amigo? —le pregunto en defensa de mi pana.

—¡Nada! ¡Lo juro!

—*¡Chaaaana!* —la regaña Raúl.

Ella frunce el ceño y se encoge de hombros.

—Está bien. Lo asusté.

—Me mataste de un infarto, que es otra cosa.

—¿El cuento lo echas tú o yo?

Raúl extiende la mano como un torero que abre su muleta y le señala hacia un espacio vacío en la cocina.

—El escenario es todo tuyo.

Chana toma un sorbo de mi *whisky*, aclara su garganta y se dirige hacia mí.

—Resulta y acontece que anoche nos pusimos a ver *El conjuro*. ¿La has visto?

Niego con la cabeza.

—Bueno, más que una película, es una advertencia para que jamás te mudes a una casa en las afueras. También es la prueba de que Raúl es un miedoso.

—Qué exagerada eres —intercede él—. Si mal no recuerdo, la que estuvo bajo la sábana durante la última hora y media fuiste tú.

—¿Y quién no abrió los ojos desde que salió la cajita de música? No te hagas el loco.

—¿Cuál es este fetiche que tienen ustedes por ver películas de terror todo el tiempo? —les pregunto con curiosidad—. Cada vez que escribo para que me recomienden una, me salen con algo donde le caen a tijerazos a una embarazada. ¿Por qué las ven?

—Porque mientras más miedo den, más te abrazan —me responde Raúl—. Tranquilo, *dude, que it's a straight couple's thing.*

—*Gay couples hug too* —protesto.

—Sí, viendo *Cruella* en el cine.

—¡Fue en una sola escena y en mi defensa te agarré el brazo porque Emma Thompson acababa de empujar a Emma Stone por el acantilado!

—Chana —dice Raúl—, ¿veredicto?

—Sí, ahí te pasaste de jevita —responde ella.

—Estúpidos.

—Ajá, mi vida, retomemos el cuento —interviene Raúl—. Terminamos de ver la película y...

—Ah, sí —contesta ella—. Nada, se acaba la película y nos acostamos a dormir. A eso de las tres de la mañana me despierto, porque siento que Raúl se levanta de la cama.

—Que no sé ni cómo me viste con el cerro de almohadas que usas para dormir.

—¿Cuántas tienes? —le pregunto a Chana.

—Siete. Ojo, no todas son grandes.

—Igual, ¡son demasiadas! —le reclama Raúl—. Eres peor que Monica Geller y sus jabones de baño.

Chana se burla de ella misma al levantar siete dedos de la mano para imitar una escena en *Friends*, donde Monica cuenta las zonas erógenas del cuerpo de una mujer.

—*Seven* —decimos los tres en voz baja.

—Nos reímos y ella continúa.

—El hecho es que lo veo entrar al baño y pienso que también tengo ganas de ir. Así que me levanto para usar el de visitas. Salvo que antes decido que le quiero gastar una broma.

—Porque todos tenemos un plan macabro en la cabeza, en caso tal de que alguien se despierte en la madrugada —me dice Raúl de manera irónica.

—Tienes razón —le contesto—. ¿A quién se le ocurre inventar algo a esa hora?

Chana se molesta y comienza a defenderse.

—¡Epa! ¡Epa! Me dejan la criticadera, miren que yo soy su *influencer* de confianza. Además, una tiene que marcar su territorio para que sepan quién manda. Total es que agarro mis siete almohadas, las meto adentro de la sabana y formo un cuerpo humano. En verdad, era algo que me pareció cómico.

—Nada más en el mundo de Chana sería eso chistoso —interviene Raúl—.

—El rollo fue que no me dio tiempo de irme del cuarto, porque justo cuando iba a abrir la puerta, salió del baño.

—Claro —interrumpe él—, y yo lo que estoy es dormido tipo zombi, queriendo llegar a mi cama otra vez y, de repente, me encuentro a esta Linda Blair parada frente a mí. Obviamente le digo: "Coño, ¡me asustaste!".

—Yo me quedo estática —dice Chana—. Estoy jurando que mi chiste había salido malísimo, cuando me doy cuenta de que él está tan dormido que lo puedo confundir. Así que le señalo hacia la cama.

Raúl intercede.

—Me volteo y veo que hay un cuerpo arropado. Como no entiendo nada, le digo: "Mi vida, yo pensaba que tú estabas ahí dormida". Y la coña esa me dice…

—"Sí, esa soy yo. Y esta también soy yo". Y ahí se cagó en los pantalones —sentencia Chana.

—Tu madre en tanga —contesto sorprendido.

—Gracias —me dice Raúl al saberse apoyado.

—¡Mi mejor actuación! —responde ella con una carcajada

Mi amigo me enseña un morado que tiene en el brazo derecho. Al ver al "fantasma" de Chana en la oscuridad, se echó para atrás del susto y se enredó con la alfombra. Cayó al suelo y en el proceso se llevó un tremendo golpe cuando su codo chocó contra el borde de madera de la cama.

—El nervio cubital se volvió loco y después de ahí en esta casa no se durmió —me cuenta.

—Bueno, cómo se iba a dormir si tú saliste a prender hasta las luces de emergencia. Por cierto, ¿te pusiste hielo esta tarde? —le pregunta Chana.

—Mientras planificaba mi venganza.

—Naguará. Para que yo me asuste vas a tener que echarle un camión, ¿oíste? Igual esta noche duermo con un ojo abierto. Si me ocurre algo, nos sucede a los dos.

—Solo te digo, ten miedo. Ten mucho miedo.

Cerca de la medianoche, decido que es hora de irme a casa.

—Mi querida, una vez más mis aplausos —le digo a Chana al despedirme en la puerta. Lo que le hiciste a Raúl fue increíble. Asústalo más a menudo, por favor.

Ella bate sus pestañas.

—Es que yo soy un fantasma adorable.

—Sí, sobre todo —se ríe Raúl—. Mi vida, bajo a Toto al estacionamiento para abrirle la puerta y subo. Mira que hoy nos toca *El exorcista del Papa*.

—Uhhh, ¡otra de miedo! —se burla Chana, mientras me da un beso de despedida.

Raúl y yo salimos al hall para montarnos en el ascensor. Ella se acerca y nos dice:

—Chao, mis *lovelies*. Ahora voy a hacer unboxing de un nuevo pijama de algodón 100% vegano y libre de crueldad animal que me regalaron mis amigas de Dulces Sueños Diseños. Se despide de ustedes *the one and only Miss Chana*, su influencer de confianza y ahora asustadora oficial. Para sustos malévolos, ¡llame ya!

Comienza a tararear el tema de la película *Ghostbusters* a la vez que se cierran las puertas del ascensor.

Raúl aprieta el botón del estacionamiento y comenzamos a bajar.

—Ella es amada, pero está loca de metras —le digo.

—De psiquiátrico —contesta—. Oye, por cierto, buen *show* el hacerte el sorprendido durante el cuento.

—Lo contó mucho mejor que tú esta mañana.

—Eres un idiota. Entonces, ¿tienes lo que necesitamos en el carro?

—Listo. Nos vemos en tu cuarto a la 1:45 de la mañana.

—Ok, aquí está una copia de la llave del apartamento. Entras tranquilo. Me haré el dormido cuando ella me levante a decirme que oye ruidos.

Las puertas del ascensor se abren a nivel del estacionamiento y me meto en el carro, donde echaré una siesta por un par de horas. En el asiento del copiloto hay un crucifijo de gran tamaño y una sotana negra que usé hace tiempo en una fiesta de Halloween.

—¿Estás claro de que si le hacemos esto a Chana vamos al infierno por idiotas? —le pregunto antes de cerrar la puerta.

—Lo sé. Será la madre de las venganzas —me contesta—.

¿DE QUIÉN ES
LA JEEPETA, FRAN?

Francisco cena en Fontana Ristorante con una mujer que conoció hace tres semanas por Tinder. Está en su cuarta cita y la atracción se siente en el ambiente. La "Tinderella" de este mes es una exmiss que se ganó la banda de *Mejor Cuerpo* en su año de concurso.

En salidas anteriores, hablaron de sus trabajos: él especialista en banca y ella en odontología, así como de sus aficiones comunes por las series de televisión y el pádel. Ya tocaron el tema de los hijos de su primer matrimonio. Un plus para Fran, quien no tiene el más mínimo interés en formar una familia. Ahora, la conversa se centra en una posible escapada a una casa de playa que tiene Fran en Caruao, mientras degustan una variedad de licores finos.

Tras una guerra de cucharas que determina la conquista del último bocado del tiramisú, los tortolos deciden que la velada está demasiado sabrosa como para culminar la noche con un café y le indican al mesonero que les traiga un *whisky* en las rocas.

—Oye, ¿por qué no vamos mejor a tomarnos el trago en algún bar? —sugiere Fran. La verdad es que tanto alcohol en la cena le ha surtido efectos en la cabeza y necesita levantarse de la mesa para tomar aire fresco. Su acompañante, en cambio, luce intacta. Ella accede al plan y mientras se excusa para ir al baño de damas, él pide la cuenta.

—Esta como que se queda con nosotros un buen rato, ¿eh, señor Fran? —le pregunta Alfredo, su mesonero de confianza, quien ya se

105

ha acostumbrado a identificar cuándo Francisco saca las garras para impresionar a una mujer, según los platos pedidos.

—Esta jeva me gana en copas como nadie, Alfredito. Yo creo que sí, me gusta bastante —le contesta con un guiño—. Por cierto, tráeme una soda, porque estoy hasta el coño de caña y la noche sigue.

—En seguida, doctor.

"Tinderella" regresa a la mesa y Francisco se levanta para escoltarla fuera del restaurante. Mientras esperan el carro, él le sugiere que se vayan a bailar al Bar El Pingüino en el Caracas Country Club. Los miércoles en la noche se forman unas buenas congas y se relaja el código de portar chaqueta.

A ella le encanta la idea. Sólo le pide un minuto para escribirle a la niñera de sus hijos y decirle que va a llegar más tarde de lo previsto. Fran aprovecha y camina un poco la borrachera. Aunque se siente mareado, no quiere que la noche termine. Además, siempre se le puede pasar un billetico a Pedro, mesonero en el Country, para que le sirva sus tragos con más soda y así no terminar de poner la cómica.

El parquero estaciona su camioneta frente a las escaleras del restaurante y Fran le abre la puerta a la mujer como buen *playboy* que conoce de tácticas. Su carro es nuevo: una Jeep Grand Cherokee. Se la compró a un compadre la semana pasada y aún se está acostumbrando.

Cuando van por la avenida San Juan Bosco, Fran se da cuenta de que algo no anda bien con el carro. Se siente extraño. Se lo atribuye a que el asiento está echado un poco más hacia atrás de lo común. "Estos parqueros del carrizo cambian todo en menos de un minuto", le dice a la mujer.

Ella no le presta atención por estar ocupada viéndose al espejo, mientras se pinta la boca. Cuando van por el edificio 606, le pregunta: "¿Tú te echaste colonia?". Fran niega con la cabeza, al tiempo que baja un poco la ventana, no vaya a ser que la "Tinderella" piense que huele mal.

Llegan al Country Club y Fran le entrega el carro a Cheo, el portero. Lo saluda con cariño —lo conoce desde que nació— y le presenta a la chica. Le dan el vale del estacionamiento y la pareja entra por el salón principal hasta la puerta de El Pingüino, nombrado así por lo gélido de su aire acondicionado. El bar está a reventar y la gente ha optado por bailar en la terraza.

Francisco le pide a Pedro, el mesonero, que les traiga dos tragos cargados de *whisky*. Como de costumbre, le pasa un billetico de manera discreta para que le sirva el suyo con más soda que caña.

En ese momento, DJ Compota mezcla una canción de moda y "Tinderella" dice que tiene unas ganas tremendas de bailar. Fran no es buen bailarín, menos con lo prendido que se siente en este momento. Sin embargo, cuando se está en modo preventa, a todo se le dice que sí.

Los dos refuerzan sus tragos y se van a la pista para comenzar a bailar. Fran no puede creer la suerte que tiene de conseguirse a una mujer que esté así de buena. Ella sube los brazos, mientras menea las caderas como una diosa y bate su pelo castaño en coreografía con el ritmo de la canción.

¿Será esta la noche?, piensa Fran. Ya qué importa, los tragos han hecho el trabajo en su cabeza y se siente con absoluto poder para darle un leve mordisco en la nuca. Descubre que a "Tinderella" le encanta. Los dos pegan sus cuerpos y se dan tremendo beso.

En pleno éxtasis, Fran siente que alguien le toca el hombro. Se da vuelta y ve a Cheo, el portero, con cara lúgubre. Fran abre los ojos del susto. O su mente le juega trucos o la borrachera ha llegado a un nivel estratosférico, pues detrás de Cheo hay cinco funcionarios de la Policía Nacional. Todos van uniformados de azul oscuro y llevan botas de cuero negro. Sobre sus costados cuelgan sus pistolas reglamentarias. Lucen serios en indicio de que vienen por alguien. En este caso, por Francisco.

—¿Qué pasó, Cheo? —le pregunta al portero del club.

—Estos funcionarios han venido a buscarlo —le responde.

—¿Y yo qué he hecho?

—Fran, ¿qué está pasando? —inquiere "Tinderella" con voz temblorosa.

Un hombre fornido de piel aceituna y pelo ensortijado se les acerca. Francisco no sabe si aguantar su trago o soltarlo y poner las manos en alto.

—Buenas noches, ciudadano, habla con el detective León Suárez. Su nombre, por favor —le dice con un tono de voz grave.

—Francisco José López, oficial.

—¿Me permite su documentación?

Fran le entrega su vaso a "Tinderella" y saca su billetera del pantalón, de donde saca su cédula de identidad. El detective la estudia con detenimiento y le dice:

—Ciudadano, ¿usted está consciente de que ha hurtado un vehículo?

—¿Yo? —pregunta Francisco con asombro—. No entiendo.

—¿Manejó una Jeep Grand Cherokee Limited de color negro, con placa AI02ZTR?

—Bueno, sí, ese es mi carro. No recuerdo bien en este momento si ese es el número.

El detective estudia los datos que tiene anotados en su libreta.

—¿Usted salió de un establecimiento comercial llamado Restaurante Fontana en el municipio Chacao?

Fran y "Tinderella" se miran las caras. Ella no puede creer lo que ocurre y se aparta un poco para observar la escena con desconfianza.

—Sí, cené esta noche en ese local —responde mientras traga grueso.

—Ciudadano, vamos a necesitar que nos acompañe —le contesta el detective. Hace una señal con la barbilla a sus compañeros y dos policías agarran a Francisco por los brazos.

—Ya va, pana —grita en protesta antes de que lo sujeten—. ¿Qué les pasa? Si les estoy diciendo que ese es mi carro, ¿cómo me van a decir que me lo robé?

—Ciudadano, usted hurtó el vehículo de un funcionario público, quien también se encontraba en el establecimiento. Tenemos pruebas —le dice el detective.

—¿Cómo es la vaina? ¿Cuál funcionario público?

—Esa es información clasificada. Acompáñenos, por favor.

Fran sacude sus brazos para intentar soltarse. "No, no, *brother*, ya va", les grita. "Me aclaras esta vaina ya, porque yo no soy ningún hampón. ¿Cómo me vas a decir que me lo robé si lo compré hace nada? ¿Qué carro maneja el funcionario ese?".

—Una Jeep Grand Cherokee Limited de color negro, con placa AI02ZTR —contesta el detective.

—¡Esa es la mía! —exclama Fran en asombro.

—La tuya nada, pajarito. Estás ebrio, te robaste un carro esta noche y te vienes con nosotros. Llévenselo.

Los funcionarios lo agarran por los brazos y lo arrastran fuera de la pista de baile. "Tinderella" corre detrás del detective para suplicarle que lo suelten y Francisco siente como el resto del bar se comienza a mal entonar, lanzándole vasos e insultos a la policía. Igual, no les hacen caso y escoltan a Francisco hacia el estacionamiento del club.

En efecto, el carro que trae el parquero a la puerta coincide con la descripción que le dio el detective a Francisco. Él abre la boca para decir algo, cuando se da cuenta de un detalle importante. No es su carro.

—¡Mierda! —grita en voz alta—. Mi camioneta es igualita. ¿Cómo me monté yo en esto?

—Exacto, ciudadano, ¿quién se va en el carro equivocado? —le responde el detective.

Los funcionarios lo obligan a sentarse en la parte trasera y comienzan a manejar. Detrás los persiguen dos patrullas de policía. Francisco voltea y ve que su "Tinderella" se ha quedado atrás en la puerta del club. Se encoge de hombros... Tanto intentar ser un casanova en Tinder para terminar la noche como un ladrón de carros.

—¿Dónde queda el comando? —le pregunta con resignación a uno de los funcionarios.

—Primero vamos al restaurante, porque el diputado Santos quiere hablar con usted.

A Francisco se le revuelve el estómago en el acto y siente ganas de vomitar.

—¿Diputado? —pregunta de manera nerviosa. No recibe respuesta.

Llegan de nuevo al restaurante y allí en la puerta se encuentra una camioneta exacta a la que lleva a Fran. Mismo modelo y color, excepto por una leve hendidura en el parachoques que reconoce en el acto. La semana pasada en otra borrachera se llevó una columna de su estacionamiento sin querer. Al lado, se encuentra un hombre furibundo, que Francisco intuye debe ser el diputado y dueño del carro. Está junto al equipo de parqueros y, por sus caras largas, se nota que el regaño ha sido fulminante.

—Hay que ser imbécil para llevarse el carro que no es— le grita el hombre a Francisco.

—Oye, mil disculpas, en verdad. Tenemos los mismos gustos —le responde apenado.

—¿Acaso no te diste cuenta de que se sentía diferente? ¿De que olía distinto? Si acaso, ¿no detallaste el llavero? ¿Algo?

—Mi pana, no tengo palabras para decirte lo mal que me siento.

—No, mal estoy yo que me jodiste la noche. Si no hubiera sido porque tiene *tracking* satelital, me quedo sin carro. ¿Acaso tú no sabes quién soy yo? Hay que estar muy borracho o ser bien pendejo. Toma, arranca de una vez y vete a dormir esa pea que tienes encima.

El diputado le lanza las llaves de su camioneta al suelo, se monta en su carro y arranca a toda velocidad. La policía lo persigue, sin dejar señal de volver para buscar a Francisco y llevárselo a un interrogatorio como habían amenazado. Tras disculparse con los empleados del restaurante y pedir que transmitan sus excusas a los dueños, se monta en su carro. Ahora, todo le es más familiar. Los asientos están en la posición correcta, los espejos dan la visual indicada y la camioneta huele a él.

Fran revisa su teléfono. Ve que tiene doce llamadas perdidas y varios mensajes en el WhatsApp de "Tinderella", que quiere saber dónde está. El último mensaje que le ha enviado dice: "¿De quién es la Jeepeta, Fran?". Prefiere no responder. Decide concentrarse en el manejo y llamarla desde su casa. Suficiente emoción por una noche.

Ahora lo que queda es dormir la borrachera. Ya mañana se verá. Poco imagina lo que vendría después: la suspensión temporal de su acción en el club, el chisme central en las peluquerías de Caracas y una fuerte reprimenda de su jefa y de su familia.

A "Tinderella", o Laura, como la ha debido llamar desde un principio, la citará una vez más. El encuentro se siente forzado y los dos deciden tomar caminos separados. Ella regresa a los brazos de su exmarido y él a un centro de rehabilitación.

Al funcionario que le robó el carro por accidente lo verá de nuevo en televisión años después. Ahora es ministro y maneja un Porsche 911 Carrera, de color dorado. Le siguen tres camionetas blancas sin placa por detrás.

Francisco sigue con su Jeep Cherokee. Está viejita. Lo importante es que aún cumple su función. María Elena, su esposa, se sienta a su lado y el asiento de atrás está cubierto de los pelos de Serafín, su *golden retriever*. El carro ahora huele a la responsabilidad de un hombre que aprendió su lección.

Algún día le contará ese episodio de su vida a María Elena, la única mujer que no llevó a comer al Fontana por interés, sino por amor. Por ahora solo juega a policías y ladrones en el parque infantil del Caracas Country Club con su hijo Tomás.

LA SEÑORA AGUERREVERE

Supe que mi vida iba a ser complicada cuando aprendí a escribir. La primera lección del colegio en la que te enseñan a garabatear tu nombre resultó papaya, porque Juan son cuatro letras. El calvario fue el Aguerrevere. ¡Once caracteres! Once caracteres que me he podido ahorrar si tan solo uno de mis antepasados hubiera declarado que nuestro apellido iba en contra de los principios de la economía procesal y que, en adelante, seríamos conocidos por el mundo como Cher.

No ocurrió y ahora soy una persona que va por la vida respondiéndole las dudas a vigilantes, cajeros y agentes de aduana sobre cómo se deletrea Aguerrevere. "¿Eso es con 'b' de burro o 'v' de Venezuela?". "Ah, ok, entendido. ¿Una erre? Ah, son dos erres. Ya va, déjeme borrar aquí. Listo, tome su factura Sr. Aguerribera". En los Estados Unidos es peor. Allá ni siquiera hacen el intento por pronunciar mi nombre. En ese país soy solo *"Mr. What?"*.

Esa es la razón por la que jamás he entendido a los que se apellidan Pérez, pues hay algunos que le agregan su segundo apellido a la ecuación para diferenciarse. Así tenemos a los Pérez Matos, los Pérez Esclusa y los Pérez Pérez. Eso es insólito. Si la vida se las puso fácil, ¿por qué se la complican? ¡Aprendan de Carlos Andrés! Fue dos veces presidente de Venezuela, nacionalizó el petróleo y lo enjuiciaron por corrupción llamándose Pérez a secas. Los Chávez Frías ni los Maduro Moros se dieron ese tupé.

113

Sé que es muy probable que alguien que se apellide Urruti-coechea o Wenzcelmann oiga mis quejas sobre mi Aguerrevere y digan: "Aguántame la cerveza", porque todos tenemos nuestra anéc-dota. Mi favorita fue el día en que una recepcionista en un consulto-rio médico se convenció de que mi papá era una mujer.

Esto sucedió tras una visita al dermatólogo para revisarse unos lunares. La doctora le consiguió una pepita en el pecho que le preocupó y sugirió que se hiciera una mamografía para descartar cualquier enfermedad. Como los hombres no sabemos de estas cosas —lo cual es un error, pues también nos puede dar cáncer de seno— le pidió a mi mamá que llamara para hacerle una cita.

"Sí, por favor, el nombre del paciente es Juan Aguerrevere... sí, con 'v' de Venezuela... No, solo una ere al final. Gracias", la escuché decir. "Listo, Juan, debes estar en la clínica el miércoles a las 10:00".

Llega el día y mi papá se anuncia en el consultorio. Allí le indican que se siente en la sala de espera hasta que sea su turno. Así hace, junto a varias mujeres que van a lo mismo como rutina. Media hora después, escucha una voz por el altoparlante que dice: "Señora Guerrevere, por favor, pase". Mi papá levanta la mirada, pues la casua-lidad es muy grande. Escoge no hacer caso. La voz insiste. "Señora Guerrevere, por favor, pase a consulta".

Como ninguna mujer se levanta, mi papá decide ir hacia el con-sultorio. "Oiga, ¿seré yo? Soy el señor Aguerrevere", le pregunta a la recepcionista. Ella revisa su agenda y le dice: "yo tengo anotada a Juana Guerrevere... ¿Usted es el esposo de la señora Juana?". Mi papá suelta una carcajada y entra a su cita.

Llega con el cuento al almuerzo y dice: "Salí bien de la mamo-grafía. Con solo una grasita benigna que me la quita el dermatólogo y un tremendo nombre con apellido y todo, por si acaso me meto a *drag queen*".

LOS VENADOS COLEADOS

"Esta noche tengo una fiesta de máscaras". Esa frase en la Venecia del siglo XIX sonaría espléndida. En la Caracas del XXI, más bien, da pie a que alguien te diga: "¡Muchacho ridículo!". Por supuesto, en esta ciudad ni los ladrones usan máscaras. La ocurrencia es de Marina, una reconocida rumbera que todos los años lanza una fiesta de Halloween apoteósica, donde los invitados bailan como si el mundo fuera a explotar al amanecer.

El uso de disfraz es obligatorio para entrar a la fiesta. La gente lo sabe y se esmera. Aquí no basta con amarrarte una capa y decir que eres Drácula. Esta rumba va en serio. Si tu versión del vampiro no involucra metros de tafetán, el sombrero de copa de tu bisabuelo y maquillaje profesional, perdiste. Pregúntenle a la mujer que llegó con un top blanco y unas orejas de peluche rosado montadas sobre la cabeza. "Soy una conejita con orejitas", dijo con una risita. Nadie le habló en toda la noche por pendeja.

Yo siempre me disfrazo, pero no me complico la vida. A los cuatro años gané un concurso vestido de soldado de Buckingham y decidí que ese había sido mi momento cúspide en menesteres de alter egos. Así que le doy un *twist* al tema anual que dicta Marina en su invitación. En la fiesta de superhéroes fui vestido de barrendero, porque me parece la profesión más noble de todas. En la de estrellas de Hollywood fui del *lobby boy* de la película *El gran hotel Budapest* y en la de Bollywood iba a ir de maharajá, hasta que el tutorial en

115

YouTube para aprender a amarrarse un turbante fue tan complicado que decidí ir como @dudewithsign con un cartel que decía "Apropiación Cultural".

Para la fiesta de esta noche había pensado vestirme de esmoquin y usar una máscara de juguetería, como la que se puso Truman Capote en su famoso baile en blanco y negro que dio en el Hotel Plaza, en 1966. Esta idea fue vetada por Alejandro, mi hermano, quien me dijo: "Nadie lo va a entender y te vas a pasar la noche amargándole la fiesta a los demás por no haberse leído *A sangre fría*. ¡Yo no te voy a dejar que seas la conejita con orejitas de este año!".

Mi hermano no se disfraza, se produce. Si hay que ir vestido de Los Pitufos, llena una piscina inflable con pintura azul y se lanza. Para una fiesta de reyes y reinas imprimió en cartulina una carta de naipes en tamaño gigante. Le cortó un hueco en la mitad para meter la cara y fue de Rey de Corazones. "¿Cómo te vas a sentar en el carro?", le pregunté mientras me ponía una corona de papel que saqué de Burger King. Alejandro me miró de arriba hacia abajo y en su tono más imperial dijo: "Ese no es tu problema".

Ya que mi idea de Capote ha sido descartada, se ofrece a crearme una máscara similar a la que va a usar esta noche. Un venado en 3D con un patrón que ha comprado por internet de un diseñador gráfico británico, llamado Steve Wintercroft.

—¿Venado tipo Bambi o Rodolfo el Reno? —le pregunto para fastidiarlo.

—Bambi —me contesta.

—Ah, entonces, ¿es una máscara cuchi?

—¿Qué te pasa? Él no es cuchi.

—Por favor, Alejandro. Disney no se pudo haber inventado un animal más inofensivo.

—Hasta que le mataron a la mamá y tuvo que aprender a vivir solo en el bosque. Olvídate, Bambi tiene secuelas.

—Con esa explicación será más fácil que me entiendan lo de Capote.

Shhh... Búscame unas tijeras

116

En tiempo récord hace una obra arquitectónica. La máscara está elaborada con papel grueso. Tiene doblajes que dan forma a la cara y unos cuernos enormes que si no te quitas, te pincho un ojo. La ha pintado de marrón oscuro y lleva una cinta negra para amarrarla por detrás de la cabeza. Jamás pensé ir de venado a alguna parte y aquí estoy. Un Bambi dañado en Halloween. Me visto con una chaqueta de cuero marrón y un cuello tortuga amarillo y veo el efecto en el espejo. Nunca me había sentido tan *cool* como esta noche.

Así salimos para la fiesta de Marina. Los cuernos pegan contra el techo del carro y debo escoger entre quitármela o sacar la cabeza por la ventana. Opto por la segunda, ya que esta máscara me ha creado una personalidad. Siento que soy el rey de la noche, lo cual puede ser peligroso. Uno siempre toma las peores decisiones cuando está disfrazado. En una noche de brujas en los 2000, mi amiga La Gorda fue detenida por exceso de velocidad y tuvo que ir al comando policial a escuchar una charla sobre responsabilidad ciudadana. Estaba vestida de calabaza.

Alejandro y yo llegamos al Hotel Tamanaco, donde se celebra la fiesta. Los dos venados caminamos por el *lobby* como si estuviéramos a punto de abordar el arca de Noé. Los huéspedes sonríen al vernos, un indicativo de lo magnífico (o ridículo) que luce nuestro disfraz. Pasamos al lado de un tipo que lleva una máscara de lucha libre y por la caída de su boca sabemos que triunfamos. El Enmascarado de Plata no tiene nada contra nosotros, los Venados Dañados.

Llegamos a la entrada del salón de fiestas. Hay un guardia de seguridad con una lista entre sus manos. "Buenas, venimos a lo de Marina", le digo con mi mejor actitud de *party boy*. El hombre nos mira de forma sospechosa y luego se ríe mientras nos busca en la lista. Veo a los otros invitados que aguardan por entrar y noto que todos van vestidos de manera elegante, ninguno lleva máscara como rezaba la invitación.

—La gente si es aguada —le susurro a Alejandro.

—Ay, sí. No tienen personalidad —me contesta.

117

—Señores, lo lamento, no aparecen en la lista de invitados —nos dice el guardia.

Eso jamás es una buena noticia. Mucho menos si estás disfrazado. Estoy a punto de pedirle que vuelva a revisar cuando se acerca un hombre a saludarme. Su cara me resulta conocida, aunque no recuerdo su nombre. Quizás está vestido de anónimo.

—Y que no me digan en la esquina, ¡el venao!, ¡el venao! —exclama al darme un apretón de manos.

—El venado frenado —le respondo—. ¡No nos dejan entrar!

El hombre tiene aire de despreocupado y nos agarra a Alejandro y a mí por la espalda. Luego le dice al guardia: "Mi pana, tranquilo. Ellos vienen conmigo". El vigilante nos abre el cordón de seguridad y los tres entramos a la fiesta. Ahora entiendo, mi amigo salvador no vino vestido de anónimo, sino del chivo que más mea.

Ale y yo le damos las gracias por el gesto y comenzamos a subir por unas escaleras. "Oye, ¿y tu máscara?", pregunto. No me alcanza a oír. El bullicio de los invitados y la música hace imposible que me entienda.

Al llegar arriba, me sorprendo con la decoración. Todo está forrado en tonos azules con una luz tenue que le da al salón un aire de suprema elegancia. Sé que Marina se esmera con sus bonches, solo que esto parece más una sesión de Annie Leibovitz para la revista Vanity Fair que una fiesta de Halloween.

Noto que el ambiente es de corbata y media panty. Todo el mundo luce sus más finas pintas, y Alejandro y yo parecemos dos animales de apoyo emocional que alguien trajo para sentirse seguro. Me paso una mano por los cuernos. Aquí no hay una fiesta de disfraces. Esto tiene pinta de ser una cena en casa de Kate Middleton y Guillermo con sus suegros.

Un mesonero se acerca y nos ofrece una copa de champaña.

—¿Y en esta fiesta no hay que pagar el consumo? —pregunta mi hermano.

—Quizás esto es un trago de cortesía —le contesto. A lo lejos reconozco a unos amigos de la radio. Por sus caras sé que cuchichean sobre mi máscara. Ahí decido que por más incómodo que me sienta, no me la voy a quitar. Allá los demás que no entendieron la tarea.

—Mira, ya estamos aquí. Actitud ante todo —le digo a Alejandro.

—¡Obvio! —me responde—. Si bien este bonche es un bostezo, la actitud es lo último que se cuelga.

—¿Qué cuelgas primero?

—La moral.

Me río y le pido que me acompañe a saludar a la gente de la radio. Quizás ellos sepan dónde está Marina y el resto de los enmascarados. En el trayecto me detengo para darle la mano a Pedro Penzini, quien por lo visto vino disfrazado de Pedro Penzini.

—¿Quién eres? —pregunta con curiosidad.

—¡Soy Toto!

—Guao, qué máscara tan brutal. ¿Por qué viniste disfraz...

No alcanzo a escuchar el resto, pues se acerca a nosotros el hombre con el que entramos a la fiesta. Junto a él está Aura Marina Hernández, una relacionista pública conocida por representar marcas de lujo. Si bien no somos amigos de la estrechez, nos saludamos con cariño cada vez que nos vemos. Su cara es de absoluta curiosidad y su tono de voz parece indicar sorpresa ante mi presencia.

—Toto, me dijeron que eras tú.

—Hola, Aura Marina, sí, ¡soy yo! ¿Cómo estás? No te beso porque siento que los cachos de este venado causan accidentes. ¿Recuerdas a mi hermano Alejandro?

—Imagínate, ¿ese es él? ¡Qué divertido!

—*Is that Ms. Blue?* —me susurra Alejandro.

—Ustedes siempre tan originales —continúa Aura Marina—. Oye, y qué bueno que pudieron pasar por mi cumpleaños.

Alejandro explota de la risa y la champaña sale disparada de su boca como un géiser. De no haber tenido la máscara que frena la cantidad de líquido, Aura Marina no echa el cuento.

—¿Tu cumpleaños, Aura Marina? —le pregunto sorprendido.

119

—¡Sí, claro! Fue el lunes y tú sabes que no hay nada más difícil que sacar a la gente de sus casas para que vayan a un evento, así que decidí celebrarlo hoy.

—Qué vergüenza, no sabía que era tu cumpleaños. Cuéntame una cosa. Si esta es tu fiesta, ¿dónde es la de Marina?

—En el salón de al lado.

El disparo a la mamá de Bambi no suena tan duro como la bala que oigo en mi cabeza en este momento. Mi actitud de *party boy* se esfuma en un instante y ahora soy solo un hombre adulto vestido como un *fucking* venado coleado. Bochornoso. Una cosa es ser el único disfrazado en una rumba y otra el serlo en la equivocada.

Le pido mil disculpas a Aura Marina, a quien le parece graciosísima la confusión. "No vale, tranquilos. Igual, la mitad de esta fiesta se va para allá después. Terminen de gozar aquí. Son mis invitados". Nos lanza un beso al aire y se pierde entre los encorbatados.

—¿Por qué nos pasan estas vainas? —le digo a Alejandro.

—Ay, equis, habrá dicho que llegó el cotillón.

—Tienes razón. ¿Listo para salir de aquí?

—Ya va, un momentico.

Alejandro toma otra copa y se bebe la champaña hasta el fondo.

—Ahora sí, listo —dice mientras se ajusta su máscara—. ¡Toto, mira! ¡Llegó la torta!

Los dos venados coleados salimos del cumpleaños y caminamos hasta dar con el salón de fiestas contiguo. Allí pasamos por un túnel fantasmagórico, bañado de luces de neón, que nos adentra al fabuloso bonche anual de Marina. Un *tsunami* de máscaras extravagantes nos espera en la pista de baile y yo solo puedo pensar en que jamás me había sentido tan invitado.

TRAIGAMOS DE VUELTA AL RATÓN PÉREZ

De todos los personajes ficticios en los que creímos cuando niños, fue un error dejar ir al Ratón Pérez. Estuvo bien divorciarse del Conejo de Pascuas, pues con la edad comenzamos a sufrir de colon irritable y lo primero que nos quita el gastroenterólogo es el chocolate.

Sí, San Nicolás fue espléndido y los Reyes Magos unos limpios y ahora entendemos la razón. En diciembre se gasta con la tarjeta de crédito y en enero se paga. Por eso, los regalos en Reyes eran malísimos.

Ahora, ¿el Ratón Pérez? Oye, él traía dinero. ¿Qué necesita un adulto? Cariño no, Berenice. Le urge real. Si todavía creyéramos en el roedor mágico, más de uno estuviera ofreciéndole hasta sus coronas.

A decir verdad, el Ratón Pérez resulta ser más rentable que cualquier otro personaje mágico que invade una casa. Un niño cree de manera ciega en Santa Claus durante sus primeros ocho o nueve años de vida, si no sale algún chismoso en el colegio a arruinarle la experiencia. Ese niño tiene a lo sumo 20 dientes de leche a los que puede sacarle provecho monetario.

El problema terminan siendo los emisarios del Ratón Pérez, alias los padres y representantes. Mi hermana Bibi, por ejemplo, fue un desastre. Inteligente como ella sola y siempre desprovista de efectivo. Se arrepintió de su despiste una mañana que su hija Lucía amaneció en crisis porque el ratón no la había visitado durante la noche. ¿La respuesta de Bibi? "Lucy, lo que pasa es que llamó y me dijo que está en China dando una conferencia sobre la prevención de las caries". Tremenda excusa; sin embargo, cuando a la semana no llegó a cobrar su colmillo, Lucía tuvo que preguntar si había perdido el pasaporte.

Por lo menos ese diente existe. El otro día me mandaron una nota de voz de una mujer desesperada contándole a sus amigas sobre una terrible experiencia. Estaba acostada en su cama con un dolor de vientre atroz, cuando su hijo entró al cuarto y le anunció que se le había caído una muela. "Qué bien, mi vida", le dijo mientras paliaba su tormento mensual con una compresa. "Déjala aquí en la mesa de noche para que se la lleve el Ratón Pérez".

Error. Resulta que el hijo puso la muelita justo al lado de una pastilla suelta. Tarde en la noche, la madre extendió su brazo para agarrar la píldora. Se la bajó con un poco de agua hasta que se fue en vómito. La nota de voz termina con una frase épica: "¡Marica, me tragué la muela!".

Nunca tuve una historia trágica con el Ratón Pérez. Bueno, sí, una vez me dieron un billete de 500 bolívares (de los viejos, viejitos) y me emocioné tanto agarrándolo con las dos manos que lo rompí sin querer por la mitad. No me dieron otro. Hoy en día se lo agradezco a mis padres. Me prepararon para la pobreza con ese acto.

Otros niños, en cambio, fueron más precavidos. Juan Diego, mi sobrino, pilló a su papá metiendo la mano debajo de su almohada para sacar el diente. Al darse cuenta de que tenía el dinero en la otra, le gritó: "¿Qué haces tú con los reales que me dejó el Ratón? Papá, ¿tú me estás robando?".

Eso es lo bonito de la inocencia infantil. Aunque jamás entendí por qué a los latinos nos tocó el Ratón Pérez y a los gringos el Hada de los Dientes. ¿Qué carrizo pasó con ese reclutamiento? ¿A nosotros un roedor y a los Estados Unidos una Thumbelina con tutú y escarcha? Ahí hubo un problema de *marketing*. Eso sí, menos mal existe el hada, porque, de lo contrario, jamás habría sucedido uno de mis cuentos favoritos.

Un niñito va en el carro con su papá y le dice que una amiguita del vecindario le contó que el Hada de Dientes es su mamá. El señor respira profundo y se prepara para decirle la verdad cuando el hijo continúa: "Papá, ¿sabes lo que significa eso? ¡Vivimos en la misma calle que el Hada de los Dientes!".

Menos mal no iba sentado en ese carro, pues con toda seguridad me le habría acercado al chamo a susurrarle al oído algo como: "Y viene veinte veces, príncipe. Quédate callado hasta que cobres la totalidad de tus perlas".

CONTRA EL SALMÓN
Y LA PARED

Ana Teresa ha llegado a su casa, luego de pasar una semana de reuniones en México. Al entrar, ve con horror las paredes recién pintadas de su sala. No puede creer lo que ven sus ojos. De inmediato, toma el teléfono y llama al joven pintor –hijo de la señora Amparo, su planchadora– para expresarle su molestia. Tras varios intentos, Luis le atiende el teléfono.

—¿Aló? —contesta el muchacho.

—Buenos días. Le habla Ana Teresa Cuevas. Te he estado llamando. Me salía la contestadora.

—Ah, buen día, señora Ana Teresa. Es que estaba en el banco. ¿Cómo me le va?

—Mira, Luis, estoy viendo la sala que te mandé a pintar.

—Ah, qué bueno. ¿Y le gustó?

Ana Teresa no quiere herir los sentimientos del joven. Amparo le había advertido que su hijo no tenía mucha experiencia como pintor. Sin embargo, le aseguró que trabajaba rápido y era diligente. Sólo que el resultado le obliga a ser franca.

—Te voy a ser honesta. No quedé contenta con el trabajo que me hiciste —le responde.

El joven guarda silencio por unos segundos.

—Oiga, qué pena, ese trabajo se hizo como usted mandó, mi señora —le dice avergonzado.

—Y yo sé que no tienes mucho tiempo haciendo trabajos de pintura, Luis. Acepté contratarte por la confianza que le tengo a tu mamá, que ha trabajado toda la vida conmigo —le explica Ana Teresa.

Luis calla otra vez por breves instantes y titubea antes de responder.

—Señora Ana Teresa, discúlpeme, no entiendo lo que me quiere decir.

—Mira, cuando salí de viaje, te especifiqué que quería mi sala pintada de un color.

—Bueno, eso se hizo, ¿no?

—No, Luis. Yo te dije color salmón y esto no es salmón.

—No entiendo.

Ana Teresa se exaspera.

—Hijo, la que no comprende soy yo. Así que te pido que cuando tengas chance, pases por la casa otra vez a ver qué haces, porque mi sala parece una discoteca.

Luis se molesta con este comentario, pues siente que lo acusan de algo que no hizo.

—A ver, señora, vamos por partes —le dice para intentar arreglar la situación—. Usted me entregó el dinero y me pidió que fuera a la tienda a comprar la pintura, ¿no es así?

—Correcto.

—Bueno, eso hice y me pasé dos días pintándole su sala como usted me dijo que la quería.

—Lo que no entiendo es por qué compraste un color que no es.

—Ah, pues —contesta Luis de manera crispada—, ¡yo compré color salmón!

—Luis, me vas a disculpar —dice Ana Teresa, mientras toca una de las paredes de su sala—, esto que yo veo aquí no es salmón.

—Bueno, ¿será que lo quería en un tono más claro?

—No —grita Ana Teresa con impaciencia— ¡Yo lo quería color salmón!

—¿Y eso no fue lo que hice?

Ana Teresa se aleja el celular de la oreja y echa la cabeza hacia atrás en señal de desespero. Está acostumbrada a llamarle la atención a sus empleados en el trabajo y siempre la comprenden. Aquí no parece que vaya por el mismo camino. Decide respirar profundo y continuar de manera calmada para no alterarse más de lo que está.

—Luis, creo que no me estás entendiendo. El salmón no es de color plateado.

—Madre —le grita Luis—, ¿cómo va a decir eso? ¡Claro que es plateado!

—Hijo, el color salmón es entre el rosa y el naranja.

Ana Teresa siente un suspiro profundo desde el otro lado de la línea. Que se ponga bravo, piensa, pero cuando un trabajo no está bien hecho, está mal hecho y punto.

—En verdad me tiene confundido. Yo le pinté esa sala exacta a como son los salmones que pesca mi compadre.

Ana Teresa se sorprende ante una respuesta que no veía venir.

—¿Qué dices? —le pregunta confundida.

—Y ninguno de esos salmones que yo he visto en el mar son rosados. Todos son de gris a plateado.

—Ah, ya… —contesta Ana Teresa mientras cae en cuenta de algo que no había pensado.

—Nada de rosado o anaranjado como usted dice…

Ana Teresa baja el celular una vez más y comienza a reír por dentro. ¿Cómo no pensó en eso antes de llamar al muchacho?

—Luis, no me lo vas a creer —le dice en un intento de interrumpirlo.

—Ahora, si usted no me quiere pagar el trabajo, me lo dice de una buena vez…

—Luis, escúchame.

—No, señora —le contesta furioso—. Usted me va a perdonar, yo le hice ese trabajo exacto a como me mandó a hacerlo. ¡Yo le pinté su sala de color salmón!

Ana Teresa suelta una carcajada.

—Ah, no... Encima sale a reírse de mí. No te digo yo, pues...
¡Búrlese!

Ana Teresa espera a que el pintor termine de hablar y entre risas
le dice:

—Luis, óyeme. Te pido mil disculpas, en verdad lo siento muchí-
simo. Ya entendí el error. Te pedí que me pintaras la sala como la
carne del pescado, ¡y tú me pintaste la piel!

AL CINE CON
SUS MAJESTADES

El problema de vivir en una ciudad donde las leyes son una suge-rencia es que cada quien hace lo que quiere. Al lado de mi casa hay un local en un pequeño centro comercial que le supo a casabe las ordenanzas municipales de ruido e instaló una máquina extractora de aire en el techo. El responsable no tenía manera de saberlo, pero la posición del ducto da directo hacia mi ventana, regalándome un ruido constante que se asemeja al secador de pelo que utilizaría Rapunzel.

El sonido resulta atorrante y, a pesar de mis quejas ante la alcal-día y denuncias por Instagram, no hay manera de solucionar mi des-dicha. Los Palos Grandes, la urbanización donde vivo, pasó de ser una zona de casas a transformarse en una feria de comercios. Antes mis vecinos eran la señora Bonilla, una mujer que caminó durante quince años con el mismo mono de gamuza azul, y Julio Di Lucca, el dueño del abasto que me fiaba los refrescos.

Ahora son un Hard Rock Café, una cancha de pádel y un centro estético donde las mujeres entran a paso de tortugas y salen como venados despavoridos hacia sus carros para que nadie note que se acaban de inyectar una bomba de bótox. El cambio en la zona resul-tó tan brusco que, a veces, siento que el ruido de la máquina extrac-tora me dice: "Haz tus maletas".

El único momento de paz que tengo es durante la madrugada, cuando algún samaritano del centro comercial apaga la máquina.

Escuchar el silencio representa mi mayor privilegio y lo aprovecho para salir a caminar. Todos los días a las seis de la mañana me pierdo entre las calles arropadas por sus jabillos y matas de mango. El sonido de las guacamayas que vuelan desde el Parque del Este hacia el centro de Caracas es mi *soundtrack* y mis únicos compañeros son los cristofués, tres ciclistas y un pobre niño que estudia en el más allá y lo despiertan al alba para esperar el autobús escolar.

Así era mi situación hasta hace más o menos una semana, cuando se añadió al repertorio un hombre de mi edad, a quien también le gustan los paseos matutinos. Sube por las inclinadas avenidas de la misma manera en que lo hago yo: pelando bola. La única diferencia es que no va solo. A este hombre lo acompañan dos motorizados y una camioneta. Los vehículos que lo siguen conducen a cero mientras él suda la gota gorda. Deducir su identidad no es difícil. Alguien que se volvió rico muy rápido y ahora debe hacer ejercicio con protección.

Nunca he sido millonario ni he sentido la necesidad de tener un guardaespaldas. Sin embargo, ver a estos lacayos todas las mañanas perseguir a este tipo me hace pensar que el despliegue es más por *show* que por resguardo. Antes los que tenían real de verdad empleaban una seguridad invisible. Ahora resulta muy fácil detectar a los nuevos ricos, como mi compañero de caminatas, por ejemplo. Mientras yo voy con unos zapatos destartalados que Nike seguro descontinuó en 2014, él usa los últimos tenis de Dolce & Gabbana y una camiseta Prada. No soy ladrón, pero en un momento de necesidad, mira, yo lo secuestro a él.

Cada vez que veo esta caravana respiro profundo y pienso en aquella tarde en Madrid cuando Jaime y yo decidimos llevar a mis padres al cine. Una semana antes habíamos visto un documental sobre la vida de María Callas que nos pareció fantástico. Cuando ellos llegaron de visita, les sugerimos que fuéramos al Cine Golem en la calle Martín de los Heros para que vieran cómo esta cantante de ópera griega conquistó a Aristóteles Onassis y luego al mundo.

Dado que llegamos temprano al cine, le dije a Jaime que se los llevara a la terraza de un bar aledaño y se tomaran un vermut mientras yo buscaba las entradas. En la taquilla compré dos para Callas y dos de otra película que Jaime y yo no habíamos visto. Recogí mis tickets y mientras metía la tarjeta de crédito en mi billetera, volteé para toparme con el hombre más alto que había visto en mi vida.

Era un señor tan espigado que no alcanzaba a verle las cejas. Yo mido 1.70 cm y, aunque soy el más alto de mi casa, me cuesta captar a la gente alta en toda su humanidad. A su lado estaba una mujer menuda, más o menos de mi tamaño, cuyo pelo castaño le rozaba los hombros. Los dos vestían de manera sencilla, él con camisa manga larga y jeans y ella con pantalones blancos y zapatos chatos.

No sé por qué el verlos hizo que el rotafolio de caras conocidas en mi cabeza comenzara a girar a paso de vencedores. "Yo a esta gente la conozco", pensaba mientras los observaba. Eran dos personas que, en algún momento de mi vida, fueron amigos míos. Sus caras inexpresivas no dieron señales de reconocimiento, así que por pena me alejé y caminé a la puerta de salida. Cuando la fui a abrir, mi cerebro lanzó su dedo hacia la derecha como en Tinder e hice *match*.

Eran el rey Felipe VI y la reina Letizia.

En ese momento, pensé que el guionista de mi vida se había ido de palos. Los reyes de España, al igual que Carolina de Mónaco e Isabel Preysler, son gente que vive dentro de las páginas de la revista ¡Hola!. Son personas que el *magazine* describe como "rotas de dolor", "recuperan la felicidad" o "lucen el *look* del verano" y no que "van al mismo cine que un veneco". En la puerta me puse a ver a las personas que caminaban por la calle, buscando el arsenal de guardaespaldas. En Venezuela hasta en misa hay un escolta, aquí nada de eso. Felipe y Letizia habían ido al cine solos.

Como buen hijo de faranduleros, corrí hacia donde Jaime y mis padres. "¿Adivinen quiénes están en el cine? ¡Felipe y Letizia!", les dije revelándoles la respuesta, porque uno es así, periodista, pero chismoso. Los tres gritaron al unísono: *"¿Dóoooonde?"*. Jaime los vio tras el vidrio del cine y señaló: "Mírenlos, ahí están". Mi papá sacó

131

su celular del bolsillo de su camisa y comenzó a apuntarlo hacia esa dirección. Lo detuve. "No hagas eso. No podemos ser la gente que corrió a tomarse un selfi con Letizia".

La conversación entre nosotros giró sobre qué hacían aquí y cuál película irían a ver hasta que Jaime miró su reloj y nos indicó que era la hora de nuestra función. Le entregué a mi mamá su entrada y la de mi papá y le dije que su sala era la cinco, en la tercera fila, puestos tres y cuatro. Ella me vio con cara de sabelotodo y contestó: "Tranquilo, Toto, nosotros hemos ido al cine. No me tienes que tratar como una vieja. Que gocen en su película". Jaime y yo nos despedimos de ellos y acordamos vernos en la terraza del bar cuando salieran.

Al finalizar nuestra función, fuimos a la misma mesa en la que nos habíamos sentado antes para esperarlos. No sé si fue el destino o la casualidad que en el momento en que yo me atraganté con el verdejo que me tomaba, Jaime se ahogó con una aceituna. No era para menos. Justo en ese instante, las puertas del cine se abrieron y de él, como si fuera un afiche viviente de la película *Sex and the City*, salieron caminando juntos mi papá, mi mamá, Felipe y Letizia.

El guionista se equivocó con la parte exagerada de mi vida. Ver a los cuatro conversar fue un momento surreal y ahí le dije a Jaime: "Prepara tus maletas, porque seguro nos van a botar del reino". Nada de eso pasó. Felipe les estrechó su mano a mis padres, luego tomó la de su esposa y ambos se alejaron. Los míos caminaron emocionados hacia nosotros.

—¡No saben lo que hemos gozado! —exclamó mi papá cuando nos vio.

—¿Ustedes me pueden explicar qué acaba de pasar? —le pregunté confundido.

—Bueno, total es que vimos la vida de María Callas con Felipe y Leti —dijo mi mamá emocionada, mientras se sentaba en la mesa.

Ahora estamos de Leti, pensé. Jaime pidió dos copas de vino más y puso su brazo sobre la mesa sosteniéndose la barbilla con el puño, una movida característica que siempre hace cuando le interesa que le echen un cuento de principio a fin. Mi mamá tomó la batuta y comenzó el relato. "Resulta que llegamos a nuestros puestos en la sala y nos dimos cuenta de que nos había tocado en la misma fila que Felipe y Letizia. Yo casi que tuve que saltar sobre las piernas de él. ¡Ese hombre es larguísimo! Claro, al sentarme, encogí las mías para darle más espacio. Menos mal que soy chiquita porque si no, no hubiera cabido.

—Y Letizia se pasó toda la película viendo su celular —interrumpió mi papá.

—Sí, claro —asintió mi mamá—. Seguro estaba hablando con la nana, porque las infantas tenían tarea. Ah, no y después a Felipe le ha dado un ataque de tos atroz. Yo agarré mi cartera para sacar un caramelito que le iba a ofrecer y tu papá no me dejó.

—Tu mamá no paró de hablar en toda la función —dijo él entre risas.

Jaime y yo los miramos como si la película tratase sobre ellos.

—Ay, sí —continuó mi mamá—, es que la vida de María Callas es tan interesante. Dígame el gentío conocido en el documental. Y yo veía que Felipe hacía muchas preguntas sobre las personas que salían e incluso noté que, en un momento dado, apareció un actor que ni él ni Letizia sabían quién era.

Mi papá soltó la carcajada. "Y ella dijo: 'Ay, tan buenmozo que era Omar Sharif. ¡Como si lo conociera de toda la vida!'".

Mi mamá ni se ofendió.

—Ay, sí, mi amor, es que yo sentí que la Leti se tardó en responder. Después, los dos me miraron y asintieron con la cabeza, así que hasta los ayudé con la farándula.

—Ah, no —continuó mi papá—, lo mejor de todo fue cuando se acabó el documental y se prendieron las luces. Tu mamá y yo parecíamos Anastasia y Griselda, las de La Cenicienta, haciéndole la reverencia al príncipe.

Jaime y yo nos reíamos, imaginándonos a este par de viejos inclinándose en un cine sin ayuda de nadie.

—Tan amable… Nos preguntó si nos había gustado el documental —dijo mi mamá entre un sorbo de vino.

—Y después que de dónde éramos. Al decirle que veníamos de Venezuela, se interesó mucho sobre la situación del país —contestó mi papá con una sonrisa patriota, hasta que se desató el *ping-pong* conversatorio entre ambos.

—Y tu papá salió con un cuento larguísimo sobre que había conocido al rey don Juan Carlos en una reunión del Club de Abogados.

—Ay, sí. Ahí la Leti empezó a taconear, porque se quería ir.

—No, Juan, nada de tacones. Letizia estaba de sandalias. La que anda entaconada soy yo.

Así, mientras continuaban su relato del encuentro inesperado, volteé la mirada hacia la calle. Un ligero murmullo de los presentes daba indicios de que todos hablaban de lo mismo. Una pareja tomada de la mano caminaba hacia lo lejos hasta llegar a un *parking*. "Oye, que son los reyes", decía alguien en la mesa contigua. Miré a los lados para ver si identificaba a un guardaespaldas y luego hacia el techo, imaginándome algún francotirador. Nada de eso había. Felipe y Letizia fueron al cine con mis papás como cualquier pareja aburrida un jueves por la noche.

Jamás sabré cómo fue la protección de Felipe y Letizia esa noche. Lo único que sé es que cada mañana que camino por Los Palos Grandes en Caracas y me encuentro a uno de estos "emperadores desnudos" trotando junto a su corte de motorizados, recuerdo el cuento de aquella vez en que mis papás fueron al cine con sus majestades los reyes de España. Sí, mi urbanización puede haber cambiado, ser más bulliciosa y llena de gente desesperada por hacerse notar. Yo, mientras tanto, sonrío y continúo en mi camino. A pesar de todo, la discreción sigue siendo tronco de virtud.

EL SEÑOR DE LOS ANILLOS

A Alexandra se le ha caído su anillo de matrimonio montada sobre un camello en el sofocante desierto de Rub al-Jali. Apenas llevan cinco días de su luna de miel en Dubái y perderlo así le amarga el viaje. Una cosa es que se caiga por el lavamanos, pues siempre se puede llamar a un plomero. Que desaparezca en la mayor superficie de arena continua del mundo da para que hasta el animal que la carga le diga: "Mi reina, deja eso así".

Alexandra y su esposo Daniel reportan el incidente en el hotel donde se alojan. Quizás ocurre algún milagro y el anillo aparece ahí botado como la lámpara de Aladino. La pareja termina su luna de miel y regresa a Caracas para empezar su vida. Total, un anillo de oro no define tanto la solidez de un matrimonio como el llegar de un viaje romántico y encontrar que el nuevo apartamento tiene una filtración en el techo del tamaño de un anillo de Saturno.

Meses después, Daniel recibe un correo del hotel en Dubái. ¡El anillo ha aparecido! Un grupo de *tiktokers* argentinos había ido al desierto para grabar contenido y movieron tanta arena con sus pies al imitar un baile viral que el anillo apareció tomando sol como si nada. Por cosas del destino, su guía resultó ser el mismo que paseó a Alexandra y Daniel y fue al hotel donde se alojaron para devolverlo y celebrar con ellos el hallazgo del anillo que perdió a su dueña.

FIN

Mentira. Hay más, aunque este hubiera sido un final cuchi.

Emocionados con la noticia, la pareja le responde al hotel y piden el favor de enviarlo a Venezuela. "Hay un pequeño detalle", les escriben de vuelta. Las leyes de los Emiratos Árabes Unidos tienen regulaciones estrictas sobre el envío de oro a otros países y no es tan fácil como ir a una agencia de DHL y decir: "Sí, buenas, mire, una preguntica...".

La única solución que les ofrecen es que regresen a Dubái a buscarlo, opción que la pareja descarta porque el presupuesto que recibieron para arreglar la filtración en la cocina implica que el único desierto que podrán ver en los próximos diez años queda en los Médanos de Coro.

Por casualidades de la vida, Daniel se entera de que una amiga británica con quien hizo estudios de postgrado está en Dubái en un viaje de negocios. Así, ambos arman un plan. El hotel le entregará el anillo y ella se lo pondrá como si fuera suyo. Al llegar a Londres se lo dará a Diana, hermana de Alexandra, quien está de visita allá. Un plan infalible, porque este es el único cuento real de venezolanos en los que nadie tiene problemas con su pasaporte y todo el mundo tiene visa.

El anillo intercambia dedos y esta vez le toca a Diana traerlo a Venezuela. Alexandra no puede de la felicidad y le da gracias a Dios que va a poder recuperar una prenda que ha tenido más aventuras que el Anillo Único que se inventó Tolkien en *El señor de los anillos*. La vida, sin embargo, decide intensificar el drama cuando recibe una llamada de su hermana, quien ha arribado al país.

—Chama, ¡me acaban de asaltar horrible!

Resulta que una gandola incendiada en la autopista Caracas-La Guaira ha provocado una tranca descomunal de carros y los amigos de lo ajeno aprovecharon el momento. Desvalijaron a la viajera de su maleta y de su cartera. Luego fueron contra el taxista, quien se quedó sin el caucho de repuesto y el ambientador en forma de pino que colgaba en el retrovisor.

Alexandra y Daniel corren a casa de Diana para ofrecerle el tradicional pésame que los venezolanos les damos a los recién robados:

"Bueno, menos mal que no te pasó más nada". Un consuelo que no sirve de mucho, pero que da paz mental si se acompaña con vodka.

—Lo importante es que estás bien —le asegura Alexandra a su hermana, mientras le pasa la mano por la espalda.

—Todo lo demás se recupera —le dice Daniel.

Diana les sonríe a medias y les agradece el apoyo. Qué lástima llegar a Venezuela y que te exploten la burbuja de la felicidad tan rápido.

De repente, recuerda algo que la sobresalta. Sus ojos verdes se le iluminan, salta del sofá y grita con entusiasmo:

—Hermana, tú no me vas a creer esta vaina. ¡Tengo tu anillo!

Se mete la mano en el bolsillo de su pantalón y saca un aro dorado. Nadie lo puede creer. Alexandra llora de alegría y su dedo se reencuentra con el anillo que perdió hace meses en el desierto.

—¿Cómo lo tienes si me dijiste que te robaron todo?—, le pregunta extrañada.

Diana le explica que en el avión se le hincharon los dedos y decidió quitarse el anillo para que no se le fuera a quedar atrapado. Como estaba arropada con una cobija hasta el cuello mientras veía una película en su asiento, le dio fastidio levantarse para meterlo en su maletín de mano y decidió guardárselo en el pantalón. Con el trajín de las largas horas de vuelo, las conexiones y la llegada al país, se le olvidó por completo y ahora el anillo es el único superviviente de una tragedia hamponil.

—Esto comprueba que lo que es del cura va para la iglesia —le dice Diana a su hermana.

—*El señor de los anillos* —interviene Daniel.

—Esos *hobbits* la tuvieron más fácil —responde Alexandra—. Lo mío fue *Finding Nemo*.

Ahora sí...

FIN

Mentira. Alexandra y Daniel se divorciaron años después. Un final no tan cuchi que no es culpa del anillo.

CÓMO REMODELAR
UNA COCINA EN PANDEMIA

Mi mamá comenzó el año 2020 con unas ganas tremendas de reinventarse. Algo que en idioma *Madres de cierta edad* significa "voy a remodelar mi casa". El proyecto emprendedor se enfocó en su cocina, porque, desde que nos mudamos treinta años atrás, había excedido sus funciones y ahora estaba sostenida por termitas y costumbre.

En realidad, lo necesitaba, pues parecía una estampa del pasado. La nevera se quejaba cada vez que le abrían sus puertas. El horno era de una época llamada "cuando yo me casé". Incluso, su gerente general, la Comae Josefa, había caído enferma.

Josefa y la cocina se amalgamaron con el paso de los años y, durante dos décadas, olió a brownies recién horneados y sonó a *Laura en América*. El resto de la casa podía ser de mi familia, pero la cocina siempre fue su Esequibo. Cuando ella se retiró a finales de enero, mamá reclamó el territorio que le pertenecía por documento de propiedad y llamó a un arquitecto.

El pacto se resumía en una modernización sencilla del espacio, lo cual siempre suele ser la mayor falacia de todos los tiempos. Corrijo, la mentira más grande fue cuando le explicaron el presupuesto con la frase: "¿Ves que no va a salir tan caro?". Los reales se consiguieron, se contrató la mano de obra y el primer lunes de febrero, a las 7:00 de la mañana, entraron ocho obreros a la cocina para comenzar a derrumbar sus paredes.

Habíamos vaciado sus muebles el fin de semana anterior. Una tarea titánica en una casa que se acostumbró a coleccionar utensilios según la necesidad del cocinero. Armamos siete cajas llenas de platos, cubiertos, pañitos y *tupperwares*, que luego arrastramos hacia un rincón del salón. Solo dejamos afuera lo necesario para una cocina que improvisamos junto a la parrillera en el jardín, que incluía un mesón y una hornilla eléctrica.

Preparar nuestras comidas al aire libre nos pareció lo máximo porque nos sentíamos de campamento. A fin de cuentas, se trataba de una solución provisional. El arquitecto se comprometió a terminar la remodelación en un plazo máximo de dos meses e incluso nos instaló un fregadero para que pudiéramos lavar los platos. Todos estábamos felices en lo que apodamos "La Trattoria".

Hasta que un miércoles se cayó el suelo de la cocina.

Sucedió cuando uno de los obreros perforaba con un martillo neumático. Taladraba con furia hasta que cayó a un hueco subterráneo, como si fuera uno de los mineros chilenos. Después de rescatarlo, el ingeniero de obras determinó que había una grave falla que debían corregir. La solución fue poner una base sólida que aguantara el peso de la cocina para evitar que mi familia se hundiera durante el desayuno.

Este contratiempo obligó a reconsiderar no sólo los plazos de entrega de la obra, sino también los gastos. Reí a carcajadas al recibir el nuevo presupuesto, que incluía "tapado de hoyo negro". Mis padres se habían ido tres días antes de viaje para evitarse el ruido infernal del taladro. Llamé a mi mamá y le dije: "Cambia el pasaje y regrésate, pues tu obra ya no vale el precio de una cocina, sino el de una pirámide".

Lo fantástico de los huecos subterráneos es que vienen con ratas. La primera apareció apenas se abrió el suelo. Entró muy discreta, asomó la cabeza y se esfumó. Al llegar el fin de semana, mi casa era el centro de convenciones de las primas de *Ratatouille*.

Abba, mi vieja perra *beagle*, se tomó esta invasión como una declaración de guerra. Todas las noches empujaba la cortina de plástico que separaba la construcción del resto de la casa y se enfrentaba a las roedoras. Estuvo en eso por varias semanas hasta que un día salieron cincuenta a buscar marido y se rindió.

Esta era la escena que se vivía en mi casa un viernes 13 de marzo, cuando el Gobierno nacional decretó aislamiento social por el COVID-19. La medida ordenaba a todos a confinarse en sus casas y frenar la propagación del virus. En ese momento, las demás familias salieron a hacer un mercado de emergencia y comprar tapabocas. La mía, en cambio, vio a mamá crucificarse en la puerta.

—¡Por favor, no se vayan! ¡Me tienen que terminar la cocina! —gritaba desesperada a los obreros para que no se fueran.

Sus súplicas no surtieron efecto. Ellos agarraron sus loncheras y se largaron a protegerse de la pandemia que encerró al mundo entero.

***

Así comenzaron los meses más lentos de nuestras vidas en una casa sin cocina. Me da risa que la gente cuenta que vio películas durante el confinamiento. Mi familia no tuvo necesidad, porque vivíamos en el plató de *Psicosis*.

Igual, hicimos lo que pudimos. Jaime, mi pareja, se responsabilizó del mercado y nos ayudó a sacar de las cajas las mejores ollas y cuchillos para adecentar la cocina improvisada en el jardín.

Allí aprendimos a preparar comida en la intemperie y nos volvimos expertos en limpieza para evitar que las ratas asistieran a su versión de Coachella sobre los platos. Esto continuó hasta que descubrieron que los vecinos tenían una cocina de verdad y no volvieron.

Quienes sí regresaron a finales de mayo fueron tres obreros. Ninguna pandemia confina la pobreza y muchos no tuvieron más remedio que salir a trabajar. Menos mal lo hicieron, pues mamá estaba a una semana de ofrecerle un hijo al arquitecto. En nuestro desespero, los invitamos a vivir con nosotros para que no tuvieran problemas con el transporte y las autoridades.

Los hombres trabajaban todo el día y en la noche se acostaban en colchones regados por la casa. A pesar de que todos sabíamos que mamá estaba encantada con los avances, con frecuencia gritaba atacada: «¡Duerman con el tapabocas!». Un día formaron un sindicato paralelo y le dijeron: "Hagamos la cosa más fácil. Usted se pone el tapabocas y nos deja a nosotros roncar con tranquilidad".

Tener una construcción secreta en casa se convirtió en un desafío para mi trabajo en la radio. El programa comenzó a transmitirse en vivo vía Zoom y esconder el ruido de los martillos probó ser difícil. Con el tiempo, me hice experto en hacer preguntas rápidas y apagar el micrófono para evitar el constante *soundtrack* de mandarriazos. La táctica funcionó, salvo una tarde cuando le hacía una entrevista muy seria al infectólogo Julio Castro.

El tema era la necesidad de evitar el contacto físico con extraños. El doctor Castro suele hablar corto, rápido y preciso. De manera que conversar con él equivale a estar en un torneo de *ping-pong* y se me hacía imposible esconder el escándalo en mi casa. Esta vez el ruido vino de mi papá, quien entró al cuarto con cara de angustia y gritó:

—¡Toto, abajo está la policía! Nos quieren meter presos por tener una obra ilegal.

Jamás en la vida había silenciado un micrófono tan rápido.

—¿Cómo te zafaste de la policía? —le pregunté a mamá al terminar el programa.

—Les dije que los obreros eran mis hijos —contestó la mujer más descarada del mundo.

***

Una calurosa mañana de junio, Abba decidió que era el momento ideal para morir. Ya estaba entrada en años y el estrés de cazar ratas le terminó de quitar las pocas fuerzas que tenía. La noche anterior había notado que le costaba caminar y buscaba como loca un escondite. La encontré debajo del araguaney del jardín, donde se acostó entre los helechos.

—Ven, Abbita, sal de ahí —le decía en voz baja.

Nada parecía animarla. Sus respiraciones eran cada vez más cortas, tenía la mirada perdida y no levantaba la cabeza. Era inevitable, Abba iba a morir ese día.

Ninguno de nosotros se encontraba de ánimos. Papá estaba desesperado con el martilleo, yo mortificado con el presupuesto y mamá ansiosa con que los vecinos la volvieran a denunciar a la policía. Habían tocado la puerta tres veces más y, aunque jamás entraron, sabíamos que nos tenían en la mira. Encima, descubrimos que una rata promiscua le dio por montar una maternidad en una de las ollas de la cocina improvisada en el jardín. Todo mal.

—Debemos llevar a Abba al veterinario ya mismo —le dije a mamá con ojos llorosos—. Creo que es hora de que la pongamos a dormir.

—Ay, Toto, por favor, no me digas eso —contestó mientras botaba la olla en la basura—. Hoy es viernes y hay que pagarle a todo este gentío. Tu papá cumple años el lunes y yo no puedo encargarme de más cosas. Abba está bien, te lo prometo. Esa aguanta hasta fin de mes.

—No, mami, no entiendes. Se está muriendo. Tiene que ser hoy —le contesté de la manera más franca que pude.

Mamá dejó caer la bolsa al suelo, respiró hondo y se puso a llorar. Nos abrazamos en consuelo. Abba era la última de una larga lista de perros que habían llenado el álbum familiar de mi casa. También, la más inoportuna. Dígame despacharse en un momento tan dramático... Muy típico de ella.

Mamá lloraba con más fuerza e intuí que también le había pegado llevar la casa durante estos meses de pandemia y construcción.

—Tranquila —le aseguré—. Llamé a Jaime y viene en camino a ayudarme a llevar a Abba al veterinario. Quédate aquí que hay mucho que hacer con los obreros.

Ella se enjugó las lágrimas, aclaró su garganta y me dijo:

—No, Toto. Los perros son como los hijos. Se acompañan hasta el final. Yo voy con ustedes.

Le respeté su decisión.

Jaime llegó y entre los dos logramos montar a la perra sobre una cobija para formar una hamaca. Estaba más pesada que de costumbre, así que le pedí ayuda a los obreros y entre todos la cargamos hacia el carro. Dos asistentes nos esperaban en la puerta del veterinario y, antes de que se la llevaran, acaricié la cabecita de Abba por última vez. Me miró con sus ojos brillantes, como si también supiera que era el final.

Veinte minutos después, todo estaba listo. Doña Abba Aguerrevere, perra *beagle*, murió en sana paz un 19 de junio de 2020 a las 10:21 de la mañana, en el primer año de la pandemia.

Estos momentos siempre son dolorosos, pero nada nos preparó para lo que nos dijo el veterinario tras darnos el pésame:

—Lamento no poder ofrecerles servicios fúnebres.

—¿Cómo así? —preguntó Jaime consternado.

—El confinamiento nos ha limitado el traslado —contestó el médico—. Por eso, hay dos opciones. Entierran a Abba en casa o la llevan al Cementerio del Este para que ellos se encarguen.

Los tres nos vimos las caras largas. Mamá comenzó a llorar de nuevo.

—Ay, doctor, no me diga eso —le dijo—. Tengo una construcción en casa y no puedo enterrarla allí.

El veterinario se encogió de hombros. Resignado a lo inevitable, le pregunté:

—¿En el cementerio hay un servicio de cremación de mascotas?

El doctor asintió.

—Nosotros les damos los papeles y ustedes lo único que tienen que hacer es llevar a Abba para allá —nos dijo.

Dejé que Jaime tomara la decisión. A fin de cuentas, íbamos en su carro y esto era una responsabilidad mayor. Nadie se levanta un día y piensa: "¿Sabes que sería divertido? Manejar un coche fúnebre".

Él sólo sacó las llaves.

—La llevamos sin problemas —le dijo al veterinario.

Una enfermera salió del consultorio con una bolsa negra y me la entregó en los brazos. Abba todavía estaba caliente. Comencé a temblar. La pusimos en la maleta de la camioneta con cuidado y salimos hacia el cementerio.

El problema surgió en la primera curva. Cada vez que Jaime doblaba el volante, la bolsa rodaba y chocaba contra las paredes del carro. Yo todavía estaba en *shock*. Hace treinta minutos, la perra respiraba y ahora la teníamos dando más vueltas que una media descarriada en la lavadora.

Mamá fue la primera en romper el silencio incómodo.

—¡No puedo! Siento que se mueve. ¡Paren el carro! —gritó desde el asiento de atrás.

—Mamá, no hay nada que hacer —le contesté—. Deja que ruede. Total, Abba ya no está ahí.

—Tranquila, Marisela. Trataré de manejar más despacio —le aseguró Jaime.

No funcionó. Por más que intentara, la bolsa seguía moviéndose y el roce del plástico producía un ruido cada vez más ensordecedor. Al pasar por la Esfera de Soto, en la autopista Francisco Fajardo, mamá ya estaba volteada hacia la maleta con el fundillo al aire. Agarraba la bolsa con las manos para impedir que se moviera.

—Tenemos que hacer algo —le dije a Jaime.

Asintió y se orilló al hombrillo. Prendió las luces de emergencia y se bajó del carro.

—¿Qué haces? —le pregunté al verlo abrir la maleta.

—Voy a meter la bolsa debajo de la alfombra.

Santo remedio. Abba no volvió a rodar.

La entrada al Cementerio del Este estaba restringida por el confinamiento y tuvimos que explicarle al vigilante que veníamos a enterrar a un animal.

—Aquí vino una esta mañana diciendo lo mismo del marido —nos dijo.

Nadie se rio. Anotó nuestros datos y nos dirigió hacia la oficina de administración.

—¿Cómo funcionará esto? ¿Nos bajamos con la bolsa? —pregunté tras estacionarnos.

—No creo que haya mucha gente. Estamos en pandemia —dijo mamá, poniéndose su tapabocas.

Jaime fue más enfático.

—Dejamos la bolsa aquí y cuando nos den el permiso, la buscamos. Eso no debe tardar más de veinte minutos.

145

En la puerta de la oficina, nos dimos cuenta de que el panorama lucía diferente. Al menos cuarenta personas esperaban por su turno. En observación a las normas, cada uno mantenía su distancia y la fila parecía el doble de larga.

Intentamos entrar hasta que un guardia nos detuvo.

—¡Solo una persona por trámite! —gritó de manera antipática.

Mamá se ofreció a hacer la diligencia, mientras Jaime y yo nos sentamos afuera en un murito. La puerta de vidrio nos daba una visual de su puesto en la fila y le hicimos señas para que nos indicara si necesitaba que le trajéramos algún documento o a la propia Abba.

La espera probó ser complicada. A los diez minutos comenzamos a darnos cuenta de que mamá no avanzaba. A los quince, nos desesperamos y a la media hora Jaime perdió la paciencia. Ambos pensábamos lo mismo. Jamás es buena idea tener un cadáver metido adentro de una bolsa en un carro estacionado a pleno sol de mediodía.

—Va a oler terrible si no hacemos algo ya —le dije.

—Espérame aquí —me contestó.

Tras mucha insistencia, convenció al vigilante de que lo dejara entrar a la oficina. Ahí observé que comenzó a subir los brazos como político en campaña. Al terminar, se le acercaron dos empleados. Conversó con ellos y luego le hizo señas a mamá para que pasara al frente de la taquilla. Quince minutos después, los dos salían con la orden de cremación en la mano.

—¿Me puedes explicar qué dijiste cuando entraste? —le pregunté con curiosidad.

—"Señores, comprendo que todos aquí tenemos una diligencia dolorosa que hacer, pero el único que tiene un cadáver metido en el carro en este momento soy yo". Obviamente, eso encendió las alarmas.

—Mentiras no dijo —contestó mamá en aprobación.

Nos montamos de nuevo en el carro y manejamos por la montaña hacia los crematorios del cementerio. Al costado había una puerta con un cartel que decía "Servicios de Mascotas".

Un empleado salió con una carretilla donde puso la bolsa que contenía los restos de Abba. Mamá, Jaime y yo nos despedimos de ella con unas palabras y el hombre se la llevó. Llegaba así el fin de una perra que nació para ser la mascota de una familia unida en las buenas y en las malas. Sin cocina, pero familia al fin.

Buscamos las cenizas de Abba un mes después. Mara, la mamá de Jaime, murió un 30 de julio y al terminar su entierro hicimos la diligencia. No fue lo correcto, considerando que estábamos en el cementerio por una cuestión de profundo luto; sin embargo, en una pandemia que parecía infinita, no había otro momento más idóneo. Al final, la enterramos en el jardín de la casa, debajo del araguaney.

La obra en la cocina continuó su curso y la policía logró su cometido de multarnos. Dos meses después, en el día de mi cumpleaños, siete patrullas se presentaron en la puerta de mi casa y tocaron el timbre. Mamá salió a atenderlos.

—Sí, buenas. ¿Qué desean esta vez?

—Ciudadana, tenemos información de un llamado *coronaparty* en el interior de su domicilio y estamos en la obligación de pedirles a los presentes que abandonen el recinto de manera inmediata *so pena* de un arresto por violentar las medidas anti-COVID.

—Oficial, adentro solo están mis sobrinas.

—Señora, déjese de excusas que siempre nos dice lo mismo. Ordéneles que se vayan o la arrestamos a usted.

—Está bien. Deme un momento.

Mamá se armó de paciencia y cerró la puerta. Entró a la casa a anunciar lo ocurrido y le pidió a mi fiesta que se fueran. Menuda sorpresa se llevó la policía cuando por la puerta salió Ana María, mi socia, con sus hijas que habían venido a buscar un pedazo de torta.

¿Traumatizamos a esas niñas de por vida? Obvio. Lloraron de miedo por el exagerado despliegue policial. Lo que no tuvo precio fue ver la satisfacción de mi madre cuando uno de los funcionarios dijo: "Mierda, la doña no decía mentiras". Ella le pudo contestar: "¡La mierda te la acepto, lo de doña está de más!". Nunca más volvieron a tocar el timbre.

147

La cocina se entregó en noviembre, nueve meses exactos después del primer martillazo, y sospecho que un día antes de que mi mamá sacara una pistola para amenazar al arquitecto. No hizo falta. Sus constructores lograron un espacio moderno e iluminado, lleno de estanterías, con una nevera de *Los Supersónicos* y un horno digno de un hotel cinco estrellas. En el medio, una amplia isla de mármol negro. Tan grande que mi amigo Carlos Julio le echa broma a mis padres diciéndoles que los podemos velar encima cuando mueran y así ahorrarnos la funeraria.

No es para menos. Pagamos esa cocina a punta de lágrimas, sudor y ratas. Nada queda de la anterior, salvo los fantasmas de Abba y la Comae Josefa, quien falleció poco después de llegar a Colombia y ahora nos cuida desde el cielo. No hubo real para completar el armario que iba a guardar la vajilla "de cuando yo me casé", igual ya eso no importa.

Mi familia construyó una cocina acontecida, donde sucede la magia. El café de la mañana, el corte del asado negro y el sonido de los pajaritos que entran por los ventanales para robarse las migajas de algún casabe suelto. Un lugar que nació en medio de la desesperanza y que se transformó en el santuario de nuestro día a día.

Un pequeño oasis donde se recrean recetas que evocan memorias bonitas y se narran por primera vez los cuentos que encuentran su camino en mis libros. Eso sí, la lección está más que aprendida y la comparto en nombre de mi familia como una advertencia a la tuya:

¡Jamás se les ocurra remodelar una cocina en pandemia!

—

Durante la elaboración de este libro, Toto consumió 274 tazas de café, comió 10 cajas de chocolates Toronto y mordió 5 lápices Mongol. Su dentista manda a darte las gracias por la compra, ya que todos los fondos irán destinados a cubrir el postgrado de su hijo.

—

Made in the USA
Columbia, SC
25 July 2024

39316081R00093